如果觉得委屈
就成为你想要的光

顾一宸 著

目　录
CONTENTS

目　录
CONTENTS

二十岁之后
气质才是你最好的妆容

01

同学小许，高中那会儿在班上叱咤风云，几乎全班男生都被笼罩在她的虎威下，瑟瑟发抖，两股战战，完全不敢与她争锋。她性格粗犷，豪放不羁，整个人透着一股野性，仿佛凶狠的小兽，一言不合就能扑上来咬你一口。女汉子已经不足以形容她了，在我们心里，她就是女霸王。

在那个情窦初开的年纪，又在我们那个僧多粥少的学校，很多女孩子都或多或少地收到过男生们写的情书，唯独小许从来就没有收到过一封。开玩笑，谁敢去捋老虎尾巴呀？

不是说女孩子开朗一点不好，只是小许的性格岂止是开朗，简直就是剽悍：讲荤段子能把我们一帮男生说得面红耳赤，不好意思地低下了头；说话咋咋呼呼的，像个低音炮，站你身边能把你的耳朵轰杀成渣；行为也透着一股邪性，和乡村非主流有得一拼。

几年时光，倏忽而过。大四那年，班长发起了同学聚会，能来的同学都来了，小许是最后一个到场的。在她来之前，我们还调侃过她是否还依旧是草原上最剽悍的那头母狼，看谁不顺眼，就冲上去把谁嗷嗷啃了。结果，她进门的时候，噗噗声不绝于耳，那是我们喝着的啤酒都惊得喷出来了，我仿佛还听到了眼镜咣咣跌碎的声音。

一身清新淡雅的长裙，一头乌黑顺滑的长发，一抹浅淡安然的微笑，她就这样走进来了。衣着装扮的改变还在其次，更让人吃惊的是，她仿佛换了个人，和以前完全不同了。你要说眼前这个恬静美好的姑娘就是当初那个女霸王小许，打死我，我都不信。

她落座后，我们习惯性地往旁边挪了挪，不敢和她靠太近。我们说话的时候，她侧耳听着，间或点头，示以微笑，也不插话，偶尔说几句，都一语中的，显示出不凡的见识。

班长过来敬酒的时候，和她聊了几句，我第一次发现，不再像曾经那样大声嚷嚷，她的声音原来可以这么清丽，像一枚成熟的果子那样，有点甜，也带着脆。聚会中，有几个同学挑起话头，说到了以前的旧事，提到她就调侃了几句，她也不恼，不动声色的把话题转移开。

后来，我们一群男同学私下再聚的时候，有人说：“哎，以前读高中的时候怎么没发现小许这么好看？那会儿只记得她很凶，聚会那天看她越看越顺眼，我坐她旁边都有点自惭形秽了。”大家交换了看法，一致认为她变了——着装变了，谈吐变了，性格变了，更重要的是，她变得有气质了。

气质的改变乍看之下不如外貌着装的改变那么明显，但只需要相处一会儿，多说上几句话，你就会发现，气质的改变才是脱胎换骨的蜕变，气质好的人犹如空谷幽兰，清香弥漫，沁人心脾。

02

气质看似虚无缥缈，不可名状，其实，它不仅体现在我们的言行举止，它更是我们每一个人灵魂显露在外的样子。你的气质里，藏着你读过的书，走过的路，经历过的事和爱过的人。

如果你饱读诗书，思想与前贤共舞，克己守礼，举止得体端庄，那么，你自然就有温文尔雅、平和可亲的气质。如果你生活安定，言行能得到别人充分的肯定，那么，你就很容易培养出自信阳光、从容不迫的气质。如果你经历过艰难，饱尝焦虑痛苦，最终战胜了命运加之于你的种种困厄，那么，你就会有沉稳淡然、举重若轻的气质。

我不知道在上大学的这几年里小许经历了什么，导致她发生了这么大的改变，但我可以肯定的一点是，她为了变成现在这美好的模样，一定下了不少苦功。因为气质的养成，不是一朝一夕之功，你得把自己当成一块璞玉，用心去雕琢，去掉那么粗粝的部分，才能勾勒出最动人的形状。

有的女人，长得很漂亮，一眼看过去十分惊艳，可接触下来，你会发现她宛若一个漂亮的花瓶，其实内里空无一物，粗鄙不堪。而另一些女人，就长得很耐看，初见可能不会让你多么心旌摇曳，但只要多给她一点和你相处的时间，你就会觉得她不仅漂亮，而且美丽，岂止美丽，简直美好。

这些美丽的女人有一个共同的特质，那就是她们都很有气质，也许是从容不迫的气质，也许是柔软善良的气质，总之，她们身上多出了一点什么，让她们从此和别人不再一样了。

就如小许的化茧成蝶一样，气质赋予了她们最美丽的妆容，就连时光都不能浸染侵蚀她们那沉静优雅的气质。

03

有人曾经说过，我们中国，多的是暴发户和土豪，却很少有贵族。土豪和贵族之间究竟差了些什么呢？绝不是金钱，因为有的人哪怕一贫如洗，也会展现出绝世惊艳的翩翩风采。土豪们真正欠缺的，恰好就是那份贵族气质。

曾被誉为大上海最后的贵族小姐的郑念女士，就是名副其实的贵族，她的贵，贵在修养，也贵在心性，更贵在气质。

郑念女士出身于民国时期，幼时家境优渥，曾赴英留学，后来在“文革”期间被抄家、软禁，备受磨难，却始终保持了倔强的尊严和凛然不屈的风骨。在六十三岁高龄离沪赴美后，她还勇敢地扬起人生的第二段征途，写下了不朽的著作《伤害生死劫》。

1989年，《上海生死劫》的中文译者程乃珊在华盛顿遇到了这样的郑念：已经七十四岁的郑念开着一辆白色的日本车，穿着一身藕色胸前有飘带的真丝衬衫和灰色丝质长裤，黑平跟尖头皮鞋，一头银发，精神矍铄，目光明亮敏锐。你真的很难想象，一个饱经风霜的老人会是这个样子。

什么叫真正的优雅和美丽，如何在污秽的尘世保持灵魂的高洁和仪态的高贵，怎样以最柔软又最固执的姿态守着最强硬的底线而绝不迁就，郑念女士给了我们最完美的答案。

她带着优雅而矜持的气质，既有英式贵族的修养，又有东方女人的柔韧，极度清醒，不轻信，不狂热，睿智而从容，如山巍峨，如水清澈。

04

林肯曾经说过，一个人，四十岁以前的脸是父母决定的，但四十岁以后，就应该是由自己决定了。一个人，要为自己四十岁以后的长相负责！

其实，哪里需要到四十岁，二十岁之后，我们就该为自己的长相负责了。长相要分开来看，长得怎么样是天生的，可相由心生，却是我们自己可以决定的。你的内心纯善美好，那么，你的气质也会轻柔温暖，这样的你，又丑得到哪里去呢？

好的气质，犹如珍珠，常常需要在磨难和痛苦中咬牙孕育。耐得住寂寞，受得了非议，经历了起落和悲喜，才终于锤炼出一身的从容淡定、洗尽铅华。

我们想要拥有好的气质，首要的方法就是读书。

毕淑敏说过："读书的时候，常常会心一笑。那些智慧和精彩，那些英明与穿透，让我们在惊叹的同时拈页展颜。微笑是最好的美容和彩妆，可以传达比所有语言更丰富的善意与温暖。"读书能引发你内心精神结构的震荡和重组，濡养你的身心，让你由内及外，光彩照人。

除了博览群书，好的气质还需要你多走些路，多历些事。

气质的蕴蓄需要阅历来积累。当你在生命里迎来送往了很多人，你就会明白，世事无常，难有久伴，你就能学会忍受孤独，拥有了处变不惊、安之若素的气质；当你经历了很多事，爱过人，也被人爱过，辜负过别人，也被别人伤害过，你就更能理解别人的立场和苦衷，通晓人性，洞明世事，拥有了谦逊温和、宽容大度的气质。

二十岁之后的我们，脱离了父母的羽翼，独自走向社会，承担起自己的人生，也开始为自己的长相负责。刀兵相见的整容或涂脂抹粉的化妆，停留在了表面，忽视了内心的修行，终究太过肤浅。

红颜易老，青春短暂，当岁月的刻刀无情的摧残了你我的面容，还有什么能让你保持鲜活的气息，免于苍老呢？唯有气质。气质不会老去，只会在时光和经历的浇灌下蓊郁葱茏，越发出众。

你不能除了美貌之外，一无所有。二十岁之后，气质才是你最好的妆容。

你这么爱运动
一定很成功吧

总是要有人成功的，可那个人为什么就不能是你呢？

相信很多朋友都和我一样曾经思考过这个问题。我们都艳羡成功人士的辉煌，他们的个人价值得以放大化实现，他们的人生大放异彩。除了在他们路过的时候为他们鼓掌，你有没有想过，其实你也可以成为他们中的一员？

他们成功就只是因为他们智商高而且运气好吗？有没有一些细节，展现了成功人士都具有的精神特质，却被我们忽略了？一年一度的华尔街精英运动会给了我们答案。

当华尔街精英们脱下上衣，秀出肌肉的时候，全世界都震惊了。在人们的刻板印象中，华尔街精英们不是应该熬夜工作、神色憔悴、身体单薄的吗？

怎么这些分析师、总监、总裁们一个个的都是肌肉男？怎么他们运动起来好像比猎豹还快速有力?

转念一想，其实就该这样。没有一个强健的体魄，又怎么能适应华尔街快节奏、高强度的工作呢?

更何况，爱好体育的他们，不光拥有了健壮的身体，更是通过体育运动丰富了自己的精神内核，充沛了自己的内心力量，才终于在人才遍地走的华尔街占据了一席之地。

华尔街的精英们并非特例，其实，很多政治、经济名人都有体育上的一技之长，甚至有的人还曾是校队选手或职业运动员。

美国前任财长亨利·保尔森曾是大学校橄榄球队的明星球员；百事公司CEO卢英德在大学期间是一名板球运动员；美国银行CEO布莱恩莫伊尼罕在布朗大学和圣母大学法学院读书期间都是英式橄榄球运动员；执掌通用电气公司的杰夫伊梅尔特曾在达特茅斯学院橄榄球二队效力……

成功人士们都热爱并且擅长体育运动，这绝非偶然。事实上，是体育运动赋予了他们异于常人的精神品质，使得他们在事业上更容易获得成功。换言之，体育精神就是他们事业的内燃机和助推器。

体育运动激发了他们的竞争意识。

就像奥运会上运动员们奋勇争先争夺奖牌一样，体育运动本就是竞技项目，在与他人的较量中要求你比别人更快、更高、更强。

在与他人的比拼中，安于现状的惰性消退了，力争上游的进取心萌发了。这样的人，无论是在哪个领域，都会积极寻求资源，利用一切有利条件来达成自己的梦想，当然更容易成功。

体育运动促使他们学会团队合作。

体育运动从来就不是单打独斗，撇开接力赛等团体项目不谈，即便是单人的乒乓球、体操、跳水项目，也需要有教练、营养师、陪练等人的协作。

在与团队的合作中，他们的沟通能力、交际能力和合作精神都得到了提高。当他们要发力事业时，他们身上这种易于合作、富有亲和力的气场自然能帮他们吸引到一大批的跟随者和合作者。

体育运动磨炼了他们的意志力。

体育运动要求你向每一块肌肉压榨力气，劳累疲倦压迫向你的神经，一次次的逼近你的体能极限。身体的疲累还在其次，精神的溃败才是运动中更大的挑战。

我不行了，我太累了，算了吧，放弃吧，这样的念头会在你的脑海里反复刷屏。你的每一次咬牙坚持，都是对软弱的自己的艰难胜利。

能将体育运动坚持下来的人，无一不拥有强大的意志力，而这种意志力往往能够帮助他们坚持一下，再坚持一下，直到成功。

体育运动增强了他们的抗压能力。

在运动的过程中，他们会遭遇的挫折实在是太多了。落后于人的沮丧，不能超越自己的失望，还有随时可能发生的伤病，都是对他们心灵的一次次重击。

失望、恐惧、质疑、懊恼，这些负面情绪像一座座沉重的大山朝他们压过来，是被压倒在地碾为泥土，还是扛住压力坚强挺立，这是体育运动给他们的考验，更是锤炼。

能扛住压力的他们，在拼搏事业的过程中，又怎么会被挫折和意外轻易打倒呢？

体育运动还培养了他们的专注力。

短跑运动员必须蓄势待发，专心听那声发令枪响，然后全力奔跑，眼里只有终点线，而不分心其他。篮球运动员不能理会看台上的尖叫和嘘声，只能紧盯篮球，所有的努力都为了帮己方投进一个个球。

体育运动要求他们摈弃杂念，心无旁骛，不纠结结果，只专心做好眼前的事。哪怕是温和的阳光，聚焦到一个点时，都能产生惊人的热度，更何况是一个人把自己的所有才思智慧都专注在某个领域呢？这样的人不成功，那才真是天理难容！

体育运动能够给予一个人的精神内心如此强大而全面的改造提升，也难怪成功人士都热衷于参加体育运动了。

或者，更准确的说，不是成功人士更青睐体育运动，而是爱好体育运动的人更坚韧更专注更会合作共赢，所以，他们大多都取得了远超过普通人的成功。

想想你自己，是不是很久都没有跑过步、健过身、参加过体育运动了？

阳光这么美好，世间如此繁华，你却宅着发霉、生锈、腐烂，会不会既辜负了青春，也耽误了自己？

走出门，迈开腿，动起来，把烦恼和憋闷溶进汗水里，把力量和激情从身体里释放出来，你会发现，你是猛虎，不是羔羊，你要去征服，而不是妥协。

你和健康之间差的不是一双跑鞋，而是一个坚定的决心。

你和成功、和强大之间相隔也许还遥远，但相信我，运动健身会是一个好的起点。

听说人越成熟
发朋友圈就越少

01

曾经有一段时间，我很喜欢发状态。那时候还没有朋友圈，大家都窝在QQ空间里查看彼此的动态。

我发得特别频繁，一天能发四五条，隔几个小时就发一条，内容很琐碎，都是一些生活中的小事或者小情绪。

早上起来，白雾茫茫，要发一条“这么大的雾出门，我能活着回来吗？”。

中午吃饭，吃到虫子，要发一条“食堂为了给我这个穷学生补充点蛋白质，已经丧心病狂到在菜里放虫子了！”

晚上约会，看了电影，要发一条“现在的爱情片真是越来越不走心了，还我票钱！”

发了还不算完，隔一会儿我就拿出手机戳进空间去看看，谁谁谁评论了我，还有哪几个好朋友没来给我点赞，评论我会一条条地回复，遇到说得上话的朋友，我们还会在状态下方的评论里聊起天来。

那会儿，我正在上大学，和高中同学们分散在了祖国的天南地北。三年同窗，一朝分离，想了解他们的近况，却又不好打电话或发短信，最好的方式就是逛他们的空间，看看他们都发了什么。自己一个人在远方上大学，身边暂时还没有比较相熟的朋友，也希望通过发状态让旧友们知道我的喜怒哀愁。

起初，我想通过发状态来遣散孤独。和朋友们在网络上频繁互动，就能找回一些曾经的联系感，仿佛朋友仍在，从未远离。

后来，融入了大学的环境，有了新的朋友圈子之后，我仍然发很多状态，想通过这种方式获取存在感，让与我有关联的人都注意到我，仿佛这样，自己的生活就不再是孤零零的，有人在看，也有人关心。

现在回头看过去，那个喜欢发空间状态和微信朋友圈的自己，既幼稚，又傻气。我发的都是些什么呀，碎碎念，瞎矫情，看着都替自己脸红。可是，那就是曾经的自己呀，那就是曾经独自走过的路途啊！在空间和朋友圈的那些展示与互动，的确帮自己撑起了很多孤寂的时光，不是吗？

那些孤独的时刻，像一段又一段黑暗的夜路，自己一个人走必然是心里打鼓、忐忑不安的，而那些点赞评论就像一束束火把，或多或少给了我些许温暖，更重要的是照亮了一小段前路，让我有勇气一个人走过漫漫长夜和无人大街。

02

是从什么时候开始，不再喜欢发状态和朋友圈的呢？

好像没有一个明确的时间节点，只是把自己的生活琐事和心情碎片宣泄在网络上等朋友们来采撷的兴趣慢慢地就淡了。

不再逛空间动态，也很少刷朋友圈了。自己很少发，别人发的也很少看。挂念谁了，就从通讯录里找到她，点她的头像进去，把她近期的朋友圈一条一条地看完，却不评论，也不点赞，不想让她知道我来过，她也不用知道。

也许真是过了那个阶段了，人还没老，心却累了，对他人对世界都没有那么旺盛的好奇心和探索欲了。哪怕在我隔壁爆炸了一颗星球，只要没炸到我，那关我什么事？

说起来，人的心真的很奇妙：婴儿时心里只有自己，饿了要哭，难受要闹，慢慢的，懂事了，父母亲人和同学朋友进到心里来，有了越来越多的在乎的人，在这个阶段，心里容纳人和事物是往外扩张的，做的是加法；后来，到过很多地方，遇见了很多人，经历了很多事，心就没有扩张的野心和动力了，只想守着自己在乎的一亩三分地，不断地剔除那些不重要的人，开始做减法了。

尤其是最近几年，微信的版图急速扩张，几乎成了国民APP，不管是同事、客户，还是初识的朋友，甚至经常去吃饭的那家饭店的老板，我们都会拿出手机来，扫一扫，加个微信。

微信里的人越来越多了，认识的、不认识的都挤了进来，朋友圈刷之不尽，很多刷屏的还是做微商的或者我们并不关心的人，于是，我们也就不会再把朋友圈从头翻到尾了。

推己及人，换位思考，想必别人对于我们也是同样的想法。

太多微信QQ上的所谓人脉，不过是一种浅层次的链接，彼此间并无深交。交浅你不宜言深，更何况也没有多少人是真正关心你的近况的。

既然大多数人并不关心你如何如何，那些琐碎的、不重要的事，你又何必说?

真正重要的事，无论是大喜还是大悲，发在公共场合供人围观终究不妥，你又怎么能说?

03

以前，我们会想借朋友圈的互动来赶走孤独，可后来，在一个又一个失眠的长夜里，你捧着手机，把通讯录从头翻到尾，却不知道你该打给谁，你又可以打给谁。

这时，你才发现，有些路，你必须独自行走，人总要在孤独里学会成熟和隐忍，慢慢长大。

愿意在半夜一两点接你电话、听你倾诉的人，从来就不会太多。能让你放心地倾诉自己的烦恼委屈和忧愁心事的人，也一直没有几个。坦诚相待的至交好友，你掰着手指头就能数得清。

这些真正能够安慰治愈你的好朋友，和你一直保持着联系，他们不需要通过说说和朋友圈才知道你最近发生了什么，过得好不好。

关心你的人不依赖朋友圈获知你的消息，不关心你的人和你不在乎的人，你又不必要展示自己的生活给他们看，一来二去，你发的朋友圈就越来越少了。

踏入社会之后，要工作赚钱，要恋爱结婚，要买房买车，要上养父母下养小孩，无穷无尽的琐事犹如浪花拍打，你倒在了生活的浪潮里，疲倦已极，哪里还腾得出精力和时间在网上说些琐事和闲话?

以前，你的心是向外的，还得需索他人来获取存在感。渐渐成熟之后，你的心开始向内寻求能量和支持，你就是自己的王，自我丰盛，不依赖他人的肯定和那些浅薄的关注。突然，你就觉得没什么话好说了，说什么都没有用，说什么你都不屑。

成熟也许是一件好事，但它真不是一件快乐的事。你不再有满到快要溢出来的倾诉欲望，也不再急于和别人建立连接。就像风收住了劲儿，就像土石堆积成高山，就像溪流汇聚成大海，你在时光的锻造里变得强大，却也因此失去了很多小确幸。

真羡慕那些朋友圈一天发个没完的人啊！不管他们年岁几何，他们在心理上都还只是个孩子，他们还年轻，那么鲜活热烈，而我们早已长大，成熟，渐渐老去。

比起有钱和有颜
有趣才是最好的择偶标准

01

听说小诺最近找了个男朋友，我们心里一阵惋惜：小诺这么好的姑娘，没能在我们朋友圈子里内部“消化”掉，肥水流了外人田，实在是太可惜了。

小诺长得极美，走在街上会被无数男人致以注目礼的那种美，她气质和谈吐俱佳，身上没有很多美女都有的骄矜之气，反而平易近人，很好相处。

到底是怎样的一个男人，竟然能博得内外兼修、兰心蕙质的小诺的芳心，我们对此充满了好奇。在我们的猜测里，她的男朋友必然是个高富帅，还得很有才学和品味，要不然绝无可能追到小诺。

过了一阵，给张哥庆生的时候，小诺带着她的男朋友来了。见到她男朋友真人的那一刻，我们集体愤怒了，心里飘过的字幕都是"好白菜都被猪拱了""一朵鲜花插在了牛粪上"这一类。她男朋友个子还不到一米七，路人甲的长相，稍微有点胖，看穿着也绝不是什么有钱人。

愤怒之余，我们也有点纳闷：小诺眼睛没瞎，脑子没坏吧？怎么找了这样一个男朋友？小诺这样的高分美女怎么着也轮不上他呀！他猜到了我们的想法，一见面就先自嘲了一句："我每次和小诺一起逛街，别人都会以为我很有钱。其实我哪里有什么钱，我就只是运气好，嘿嘿！"本来场面有点尴尬，他一句话就把大家逗乐了，气氛一下子就活跃了起来。

后来，又和他接触过几次，我们才发现这个小胖子是个妙人，有他在，场面绝不会冷下去，他的自黑常常让我们捧腹大笑，聚会上充满了欢声笑语。这个时候，我们才稍微理解了为什么小诺会选择他。

有一次，我们约在一起喝下午茶，小诺来了，他没来。席间，话题转向了男女恋爱，小诺感慨道："我以前看男人只会看颜值看事业，遇到他之后，我才发现，原来男人还可以这么有趣。别的男人和我约会，就只会请我吃饭看电影，逛逛街，给我买个包什么的，可他第一次约我就带我去了游乐场，在鬼屋里装鬼吓人，真是太逗了！"

我们打趣她，说她只是玩腻了高富帅们，就想找个不一样的男人换换口味。小诺的语气前所未有的认真，她的神情里竟带着一丝娇羞和向往。

她说："不是的。他让我的生活都明媚了起来，我比以前开心了很多。和他在一起时，我俩总是有说不完的话，完全不会觉得无聊，时间都仿佛变快了。他给我的感觉特别好，很刺激，很有趣，也很有意思。"

02

一个高富帅们用名牌包和鲜花始终拿不下的女神，就这样被一个其貌不扬的男人以有趣为武器征服了。小诺的这段感情让我想起了我的另一个朋友。

他在大家的艳羡声里追到了隔壁公司的美女经理。美女经理的外貌和能力都是上上之选，身家和财力也十分优厚。就在我们以为他一定会尽快和她结婚时，却传来了他俩分手的消息，听说还是他主动提出的。

听到这个消息时，他在我们心里的形象已经和傻子没什么区别了——这样有颜又有钱的姑娘，不早点娶回家，还往外推，看来，他的头应该是先被驴踢过，又被门缝挤了，后来还进了很多水。

因为和他私交不错，对他的情感问题也比较关心，我在微信上向他问起这件事，才得知了他选择和美女经理分手的真正原因。他说，选择分手主要是因为跟她谈恋爱太没劲了，一点意思也没有。我好奇地追问，怎么会？我见过她一两次，感觉是个很优秀的姑娘啊！

他无奈地说，你知道她每天的生活都有些什么吗？早起上班，下班之后做饭，吃完饭就洗碗拖地，做会儿家务，看会儿电视，再打开电脑收发下邮件，处理公务，然后洗澡，睡觉，没了。

听了这话，我对他的羡慕嫉妒恨达到了顶峰，同时还有一种恨铁不成钢的情绪萦绕在我心中。我简直是在朝他吼："工作能力强，回了家主动承担家务，还长那么漂亮，这样的姑娘我恨不得给我来一打，你竟然还嫌弃人家？"

他说，倒也不是嫌弃，只是觉得和她过不到一起去。她其他方面都挺好，就是太没有生活情趣了。我跟她说笑，我自己笑得前俯后仰，她愣在那儿面无表情，你说这我得有多尴尬？我平时还蛮喜欢制造点情调和浪漫的，可她总是不接招，显得我像个不成熟的孩子似的，一个人在那儿瞎折腾。

我算是有点理解和同情他了，一个姑娘倘若无趣，长得再漂亮，也像个花瓶，看着挺美好，但日常相处下来，总觉得差点意思，感觉就没那么好了。

聊到最后，我被他说服了。我回复他道："是啊，一辈子那么长，我们得和有趣的人在一起，要不然，日子太无聊了，会爱得很辛苦的。"

03

在感情里，我们都曾经有过看人很肤浅的时期。

年少时，我们很喜欢那些长得好看的人，觉得颜值即正义，和这样颜值高的人在一起，每天只是看看他们也赏心悦目啊！后来，我们才发现，只靠颜值没有演技是撑不起一部剧的，只有好看的颜却没有投契的心也是谈不好一段恋爱的。

长大之后，在现实里翻滚过几遭，我们渐渐懂得了有钱的好处和没钱的无奈。相亲时，我们会旁敲侧击的了解对方的条件——家庭状况如何，工资有多少，有无房车，多少年的房贷。我们深知没有面包的爱情是空中楼阁，却唯独忘了，感情是不能拿条件来衡量的。

直到在爱情里多摔几跤，以眼泪和心碎为代价，我们才慢慢懂得了爱的真谛。长得不好看没什么，日子过着舒心就行。钱少一点没什么，可以两个人一起努力赚。能让我们想起他时内心就变得很柔软的那个人，他可能没有很多钱，也没有一张好看的脸，但他一定很有趣，让我们在再难熬的日子里都能笑出声来。

情海浮沉，兜兜转转，几经辗转，我们才终于明白了，比起有钱和有颜，有趣才是最好的择偶标准。只可惜，有钱人易寻，有颜人多见，有趣的人却实在太少。

想要有趣，首先得有见识。不论是在书本里学习，还是在社会中历练，一个人得见识过许多人和事之后才能超脱于现实之上，以一双俯瞰的眼睛捕捉生活中的闪光点，对疼痛加以自嘲和解构，对欢快辅以夸张和放大，让生活的粗粝被笑声包裹，变得顺滑。

有趣的人，还得有足够的睿智。背几个网络段子，讲两个黄色笑话，这不叫有趣，这是Low。钱钟书先生的《围城》读来让人忍不住抚掌大笑，拍案称奇，究其原因，就在于钱先生对人性和社会都理解得很深刻，睿智地发现了其中滑稽的部分，展现在笔端。

有趣的人，还需要有分寸感。什么时候能开玩笑，什么时候不能开，跟什么人能开玩笑，跟什么人不能开，开怎样的玩笑才是合适的，而不会显得刻薄或者冒犯对方，这种分寸的拿捏可不是一般人能轻易做到的。

有趣的人，还很乐观。一个消极悲观的人，是很难发现生活中的妙趣的。乐观犹如贫瘠的生活里盛开的一朵鲜花，它会徐徐地吐露芬芳，去美好生活的每一个瞬间。乐观的人能够苦中作乐，发现甚至创造生活的乐趣，让日子不再枯燥，不再苦闷，变得鲜活，富有生机。

这样一看，有趣简直是比有钱和有颜还要严苛的标准，能通过它的筛选的人，你和他相处起来绝对会久处不厌。

04

有趣除了是对对方品质内涵极好的衡量标准，还是对两个人契合度的绝佳测试。

互相觉得有趣的两个人，三观肯定一致。他拿别人的缺陷取笑逗乐时，对别人有发自内心的尊重的你绝对笑不出来。他以床笫之事为素材谈笑风生时，对性有着认真而审慎的态度的你一定会觉得他恶俗无比。

两个人对人生对世界的理解趋同，对对方的价值观也彼此认同，才会有更多会心一笑的时刻。

互相觉得有趣的两个人，性情更加契合。同样一个笑话，有的人觉得好笑，有的人觉得不好笑。同样是他，对于别人，他可能是寡言无趣的，但对于你来说，他就像一个逛不完的游乐场，和他在一起，每天你都能寻找到更多的乐趣。

有趣是需要互相激发的，你们性情相合，才能彼此共鸣，让生活的乐趣从无到有、由小变大。

互相觉得有趣的两个人，会有更一致的精神追求。如果她不怎么关心时事热点，你聊天时混杂网络流行语，她是Get不到你的梗的。如果你的精神娱乐要靠综艺节目来承包的话，她那样一个喜欢看话剧逛博物馆的人恐怕很难和你交流。

如果两个人不能看向同一个远方，那么，形容你在这段恋爱里的感受最好的词语也许就是“鸡同鸭讲”。

05

关于婚恋，有人说，和有趣的人恋爱，和互补的人结婚才是爱情最美的模样。其实，无论是恋爱还是结婚，有趣的人都是最好的选择。

人生如漫漫长夜，我们都是踽踽独行的旅人，如果没有一个有趣的人相伴，这一生会变得既漫长又孤寂。那样的人生，只是想想，都觉得寒冷而空旷，充满了萧瑟和无望。

那个有趣的人，如同掉进沙堆里的一颗珍珠，你和他的相遇需要缘分，你对他的寻找需要耐心，而你对他的选择则需要你明白爱情里最重要的是什么。能给爱情加分，让爱情升温的，其实是有趣啊！

如果说我们还对爱情抱有什么美好的期待的话，也许就是想和有趣的人在一起，以最开心最甜蜜的姿态度过幸福的一生了吧！

不肯放弃的人
运气从来不会太差

01

村里有个憨厚朴实的男孩，小我七八岁，每次见到我都会大声喊我“宸哥哥！宸哥哥！”，边喊边笑着朝我跑过来。

每次我都会笑着摸摸他的头说，又长高啦？学习怎么样，还好吗？然后，他就会很兴奋地跟我说他在学校里的经历，比如成绩进步了，被老师夸奖了，或者跟同学闹矛盾了。

他是个很勤奋也很用功的少年，听课认真，放学了还常常待在教室里做题，直到食堂快要关门时，他才飞快地跑去吃饭。可他终究是缺少了一点灵气，脑筋转不过弯来，一道中等难度的题我给他讲解两三遍，他都很难听懂。因此，他的成绩一直在中游徘徊，与他付出的努力相比，这个成绩并不算理想。

有一次，我正好放假回到老家，他又拿着习题册过来向我请教问题。那道三角函数题，我足足给他讲了四遍，他的脸上还挂着迷惘的神情。我有点心疼他的努力，喟然一叹，说：“可惜了，你那么努力，要是能再聪明点就好了，你的成绩绝对不会是现在这个样子。”话才说出口，我就后悔了，他毕竟还只是一个孩子，我这话暗示着他太笨了，很有可能会伤到他的心，挫伤他学习的积极性。

他的神情黯然了一瞬间，很快又恢复了正常。我正想再说点什么补救一下，安慰安慰他时，他很认真的对我说：“宸哥哥，我知道我是笨了一点，班上有些同学没我努力，成绩还比我好很多，你是不是觉得我的努力有点浪费啊？可如果我不努力的话，我的成绩不是连中等都到不了，只能垫底了吗？”

难得他没有被我的无心之语打击到，我很高兴他能这么想，看向他的目光里不由得充满了赞许。我鼓励他说：“是啊，没有什么努力是白费的，只要你努力了，或多或少，或早或晚，进步总会有的。”

02

升入高三之后，学习压力变大，学业任务也加重了，他回家的时间变少了，我很久都没有再见过他，只是听他的父母说，他的成绩依然不够理想，想要考个好点的大学恐怕很困难。

寒假过年的时候，他来我家找我说话，我刻意避开了有关学习的话题，以免增加他的心理压力。没想到他主动提起来，说他想报考师范院校，以后当一名人民教师。

我问他有没有心仪的学校了，他说了某个师范大学的名字。我心里一惊，那是一所一本大学，以他目前的成绩来看，他十有八九是考不上的。每一个梦想都值得被尊重，也应该被鼓励。我面上不动声色，只是对他说："加油！"

高考考完之后，他并没有放松，回了家就天天看书做题，并告诉父母，他准备复读。高考成绩公布时，果然，他的成绩只到了三本的分数线，离他心仪的大学还差得很远。

复读了一年之后，第二年的高考，他的成绩有了很大的提高，堪堪挤进了二本线。他的父母对这个结果还是比较满意的，希望他去上大学了，哪怕是个二本学校也好。可他倔劲儿上来了，还想再复读一年，父母拗不过他，只能让他再次去复读了。

多复读一年，他就能多努力一年，我知道他的成绩肯定会再次提高，但对于他能考上那所一本院校，我并不看好。结果正如我所料，他的成绩差了一本线八分。他已经很努力了，结果也很接近了，可是这八分之差如同天堑，把他心仪的师范大学和他无情地分隔开了。

以他的成绩，可以报一所比较不错的二本大学里相对较好的专业了，他的父母请我去他家里给他参考参考，该填报什么专业合适。他悄悄告诉我他依然想填报那所师范大学的志愿时，我吃了一惊，问他："分数不到一本线，填报一本院校，几乎不可能被录取，甚至不会被提档，这你知道的吧？"他苦笑了一下，说："我知道。但我还是不甘心，不想放弃。不被录取，我就再复读一年，你看我今年只差八分就到一本线了，如果再努力一年，我相信应该考得上了。"

我本来想劝他理智一点，不要执念太深，可转念一想，他两年复读，从三本线一路拼到接近一本线，靠的不就是这股非一本师范不读的执念吗？我叹了口气，拍了拍他的肩膀，没有再说话。

我仿佛已经看到他再一次背起行囊，踏上复读之路。就在我料定他的志愿必定落空时，却突然传来了他被录取的消息。原来，今年填报那所师范大学的汉语言文学专业的人突然减少了很多，那所大学在一本线内没招够人，就在填报该志愿的二本学生里择优补录，他恰好被补录上了。

收到录取通知书时，他兴奋地把通知书拿来给我看，我妈在旁边夸了他一句，说他考上了好大学，真有出息。他不好意思地挠挠头，嘿嘿一笑说，婶儿，我哪儿有什么出息，我就只是运气好而已。

03

他去上了大学之后，只有寒暑假才回家，和我见面的机会就更少了。我工作也渐渐忙碌起来，就没怎么关心他的近况。

到了大学，很多人会间歇性地迷茫和颓废，像他这样持续性努力的人就会逐渐凸显出来。我听说，他在大学里年年都拿到了奖学金，还成了院学生会的副主席。听到这个消息的时候，我嘴角含笑，眼前又浮现出他那张傻笑的脸。昔日那个追在我身后叫我“宸哥哥”的小屁孩，如今竟然成长得这么优秀，我为他由衷地感到高兴。

大四找工作的时候，他格外积极，哪里有好学校招聘，他就精神抖擞地赶过去，投简历、面试、笔试、试讲，每一个环节他都拿出了百分之一百二的热情去努力。

可惜，事与愿违，他所属的师范大学虽然位居一本之列，但与那些985、211的名校相比，还有差距；尤其是与教育部直属的六所师范大学的免费师范生相比，他在学校上的劣势就更明显了。省内的好几所高中名校都更倾向于招聘免费师范生，他在应聘这几所名校时连简历初选都没有通过。

多过去一天，就可能多有一所学校完成了招聘，他的机会和选择也就变小了一分。身边的同学都陆续找到了工作，虽然学校差一些，但好歹有个安身立命之所。朋友劝他，就咱这学校的出身，你还想进那些一流名校？还是算了吧！要不你就退而求其次，只要有学校愿意招收你，你就去吧！

他谢绝了朋友的好意相劝，很严肃地说："如果我是会退而求其次的人，当年我就不会连续复读两年就为了考上这里了。我努力这么多年，不是为了将就自己的未来的。我不服气，也不认命，你们就让我再试试吧！"

04

他拿着简历，主动找上那些名校，一所所地争取面试的机会。有几所名校一看他只是普通一本院校的师范生，就像赶苍蝇似地挥挥手，让他去别处看看。

他有点灰心，但还是不肯放弃，他心里想，这不是还有几所学校没去问吗？我就去问问，又怎么了？如果他们也不肯给我面试和试讲的机会，那大不了我从第一所名校开始，再去争取一次。

运气又一次站在了他这边，在他赶到省内最后一所一级一等完中时，他在学校办公室遇到了校长。在他说明来意后，校长饶有兴趣地说："小伙子，你把你的简历给我看看。"大学四年的努力，让他的简历极具含金量：有国家奖学金，也有在核心期刊发表的论文，还有各种证书奖状。

校长很欣赏他的努力和勇气，给了他试讲的机会。考核的老师们挑选了某篇课文让他讲解，说给他三十分钟的准备时间。他自信地笑了笑，说："不需要三十分钟，给我三分钟就好。"

他的精彩讲解赢得了老师们的一致认可，有老师好奇地问他："我们是随机抽的一篇课文，不会是你恰好准备过的吧，怎么你三分钟就能试讲，还讲得那么好？"他拿出了自己包里厚厚的几本备课本，说："哪儿有那么巧？我大学几年里把高中语文的所有课文全都认真备过课，写了教案，做了课件，所以才不需要更多时间来准备，因为我早就准备好了。"

如果说之前考核老师们还对是否聘用他犹豫不决的话，当看到那几本写得认认真真、密密麻麻的备课本时，老师们就已经被他的努力和坚持所打动了。

他终于如愿以偿地进了省一流名校。

05

进了那所名校之后，他工作认真努力，勤恳踏实，可还是有部分同事对他有意见。那些同事毕业于全国知名的重点大学，心里很不平衡，有点看轻他，认为他这样一个高考低了他们一百分的人怎么能和他们进同一所高中名校。

有一次聚餐，大家都喝得有点多了，有个毕业于名校的同事借着酒劲，很不客气地问他："你说你就毕业于那样一所普通的一本院校，是怎么进了我们这里的？你肯定是走了什么关系或者有什么背景吧？"他也不生气，憨厚地一笑，说："我哪儿有什么关系和背景，我就只是运气好而已。"

他这样一说，同事们认为他真的就只是走了狗屎运而已，哈哈一笑，心里对他的偏见也就没有了。

他从一个寒门子弟成为如今的名校教师，真的就只是靠着运气好吗？看着他一路奋斗的我深知，为了获得今天的成就，他付出了多少汗水，咬牙坚持了多么久，又独自走过了多么幽深遥远的路途。

所谓命运，命是弱者借口，运则是强者谦辞。他挂在嘴上的一句口头禅是"我只是运气好而已"，可什么是运气？运气其实就是机会，是改变命运的人生节点。

我们每个人的一生，都会遭遇至少几次大的机会，可能是升学，可能是高考，可能是就业，或者是人生某个不显眼的时机。我们站在机会来临的三岔路口，可能眼见风云千樯，也可能只看到了沉闷和平凡，但一场巨变，已经悄然发生了，地动山移，而我们浑然不觉，当时只道是寻常。

有的人抓住了机会，一遇风云便化龙，改变了自己的命运，实现了人生逆袭；而另一些人则庸庸碌碌，毫无知觉，放任机会从眼前溜走，只能在悔恨和愤慨里度过余生。

如果说更广阔更精彩的世界被包裹在一个蛋壳中，而我们被隔绝在蛋壳之外无法进入的话，那么，机会就好比是蛋壳上突然裂开的一丝缝隙，是我们实现阶层跨越唯一的上升通道。可是，我们并不知道，这丝缝隙会裂开在哪里，又会在什么时候才裂开。

有的人的努力仿佛山洪暴发，极其狂暴地冲击着蛋壳，可惜蛋壳坚固无比，他没法突破，不能进入其中。而我这个小弟弟的努力宛如一泓清泉，声势并不浩大，静静流淌，却胜在后劲悠长，持之以恒地向着蛋壳覆盖过去，蛋壳再硬再大，他也不肯放弃。

有人会说他傻，也有人会劝他放弃，可是他依然沉默着坚持。有那么一些时候，蛋壳突兀地裂开了一丝缝隙，比如那所一本师范大学的补录，又比如那所高中名校给他的试讲机会。他往日的坚持，那些已经把蛋壳完整覆盖的泉水，遇到了这一丝缝隙，立刻就能浸入其中，决然不会错过时机。

机会其实就是一个小概率事件，有的人一直在寻找改变命运的机会，所以，机会一出现，他们就发现了，而他们也早就做好了充分的准备，自然能牢牢地把握住机会，不会与机会失之交臂。

你看到他们的成功，会惊叹于他们的运气之好，其实，他们哪里是运气好，他们就只是一直在努力、从来不肯放弃而已。

修养好的人
不会随便让别人等

01

莉莉是我的好友，从高中结识到现在，我们友谊的小船已经飘荡了八个春秋。本以为这友谊之船已经足够坚固，不惧人生的风浪，可以抵达一生的尽头，可眼看这艘小船就要沉了，还是莉莉自己凿穿的。

莉莉这人吧，哪儿哪儿都好，热心肠，为人仗义，性格开朗，很好相处，就有一点不好，那就是她总让我等她，从不珍惜我的时间和耐心。

约见面，她从来不会准时赴约。说“马上来”的时候，其实她还在家里洗澡；说“快到了”的时候，其实她刚出门，我常常要在寒风中等她半个小时，甚至一个小时。后来，我也长了个心眼，再约时间，我就提前半小时，比如我本来想和她下午六点一起吃饭，我就告诉她咱俩五点半碰头。即便是这样，她还是要迟到。

得知我会把时间提前之后，她迟到更没个准头了。有一次我和她约了逛街，逛完街一起吃午饭，我把攒了好几天的朋友圈和微博都刷了个遍，还去路边的书店看完了半本书，她才出现，而那个时候，都该吃晚饭了。当时我就火了，我说："你这人怎么回事？迟到的坏毛病老是不改，你以为我的时间很多吗？这些年我花在等你上的时间，你有算过是多久吗？你就不能准时来吗？"她被我一凶，两眼一红，很委屈的说："你知道我就是个拖拉的人嘛，我做事情就是磨磨蹭蹭的，你不要发脾气嘛！"

那次闹矛盾之后，我很长时间没有再约她，后来她买了我最爱吃的费列罗巧克力来求和，好言相劝，我才勉为其难地和她恢复邦交。有这一次深刻的教训，我想她总该有所改变了，没想到，没隔多久，她又在另一件事情上惹我生气了。

我在工作中经常要开大大小小的会议，开会时也会需要与人信息往来，保持沟通。莉莉心里藏不住事儿，像个麻雀一样，整天叽叽喳喳的。身为好朋友，给她当个好树洞，这也没什么，可关键是她每次给我发微信都要发语音。

我跟她提过好几次，我开会时不方便听语音，每次她发过来我都要语音转文字，费时费力，而且语音本来就很占用时间，看文字五秒钟就能看完的信息，听语音得花六十秒。我建议她下次再要给我发微信，就发文字消息好了。

结果，她不以为然的说："打字太费时间了，发语音多方便啊！”我说：“发语音是方便了你自己，却浪费了我的时间啊！”她笑嘻嘻地说：“好朋友不是就应该彼此浪费时间嘛？要不然时间那么多，多无聊啊！”我有点生气了：“你以为谁都跟你一样，一天大把大把的时间？我的日程排得很满，很多时候都快忙到炸裂了，还要在那里边回复邮件边听你的语音。你就不能改改，方便下我吗？”

渐渐的，我不愿意再约莉莉出去玩，和她聊天也少了，因为不管出行还是聊天，她都会让我等她很久，平白无故地占用我很多宝贵的时间。奋斗的路那么长，我要做的事情还很多，我和她耗不起。

直到有一次我打开微信，无意中点开和她的聊天界面，才发现，上一次和她发消息已经是半年前。

本来很好的一段友谊，就因为莉莉总让我等她而产生了罅隙，罅隙与日俱增，终成鸿沟，无声地隔开了我和她。

02

有一种人比莉莉这样邀约迟到、爱发语音的人，还让人讨厌。莉莉的所为让我耗费了不少时间，但她虽然爱迟到，却很少爽约，我总归是等得到她的，只是我等不起她了。而这种人，却让你白白等待，连个音信都没有。

好友周姐因为在图书公司做编辑，常常与很多作者打交道。有一次，她向我吐槽说：“啊啊啊！我受不了了！以后我再跟这个作者合作，我是猪！”了解之后，我才知道，原来是周姐正在策划这位作者的一本新书，有很多具体的事务需要和他沟通，可周姐给他发微信，他总是不回。

我说：“也许是他比较忙，没时间看微信呢？”周姐说：“忙什么呀？真要是忙，他还有时间发朋友圈，还有时间给圈内好友挨个点赞？”

因为我自己也是作者，所以，我原本还站在他的角度为他开脱，听周姐这么一说，我一下子就和周姐站到了同一战线。

走在路上，和熟人相遇，我们都知道要打个招呼，问候一声，再不济也要点头微笑，传达善意。要是别人主动和我们打招呼，我们却装作没看见，不予回应，那是很不礼貌的。在网络、在微信上，也是同样的道理。

回复别人的消息，这不是你忙不忙的问题，也不是消息重不重要的问题，而是你的修养问题。不管对方给你发的消息，是有事情找你，还是平常的聊天，或者没有意义的寒暄，只要别人给你发了，那他在屏幕那头是在等着你回复的。你看到了却不回复，是对别人的忽视，也是对你的个人形象的践踏。

哪怕你只回复一个表情也好，这样，对方就知道你已经看到消息了，也得到了你的回应，他没有白等一场。

给在乎的人发消息，却迟迟没有收到对方的回复，你会隔一会就拿起手机看看，他回复了没有。从五分钟，到半小时，再到两小时，再到一天、两天，在这种等待里，一颗心慢慢地沉了下去，也凉了下来。一个修养好的人，是懂得换位思考的，他能体会对方等他回复消息的焦灼心情，他不会忽略消息，看到了他总会回复，不忍心让别人白白等待。

正在我反思自己平时有没有守时、有没有及时给予别人回复和尊重时，周姐的消息过来了，她说："小顾，你知道吗，和我合作过的作者里，有好几位都是畅销书作者，他们在业界既有实力又有好的声望和口碑。我和他们沟通，发消息过去，他们都会很有礼貌地认真回复，即便当时没有时间，也会跟我说明情况，说晚点详聊。反倒是这次这个十八线小作者，书写得很一般，卖得也不好，架子还挺大，消息都懒得回，一点也不尊重人。"

我发过去一个拥抱的表情，说："也许这就是他始终只是一个十八线小作者的原因吧！"

毕竟，随便让别人等待，甚至白等空等的人，修养好不到哪里去，而修养不好的人，想要做出一番事业，真的很难。

03

在约会时，男人们都知道要准时赴约，最好早一点到，迟到在女人心里是大大的减分项。因为约会你都能迟到，说明你对这次约会不看重，不在乎，或者你这个人没有时间观念，不懂得尊重人。不管是哪种情况，这个男人在女人心里基本就被Pass掉了，除非他后期再有好的表现。

男女约会是这样，与朋友邀约也是这样，商务会谈更是如此。守时是对对方最基本的尊重，也是为人最起码的礼貌。生活中，我们会更乐意与那些会照顾别人感受、不随便让别人等他的人交朋友。因为他们不仅和我们一样懂得时间的宝贵，他们还很有修养。

修养好的人，不会随意浪费别人的时间，会体察对方的感受，与他相处，妥帖，舒适，让你如沐春风。

打电话之前，他会先发消息确认一下你有时间并且方便接听。发微信，他有事说事，不会东拉西扯地寒暄，更不会刷屏发大段大段的语音。和你约见面，他一般会早到一会儿，绝不让你空等。你给他发消息，只要他看到了，他一定会尽量抽空回复你，不会让你苦等回应。

修养好的人，会尊重别人，把对方和自己放到平等的位置，不会随便让别人等。

如果是老板或者上司安排你做一件事情，有多少人敢对老板说“别催我，你等等”？每一个成熟的职场人都不会说这样的话，他们只会抓紧时间，把事情做好。不敢让老板等，又怎么会在生活中让朋友或其他人等呢？无非就是老板有权威，不敢轻易违逆，而其他人的地位没那么高，让他们等会儿无所谓罢了。

在让他人等待的漫不经心背后，其实潜藏着你对他人的漠视。你没有把他们放在和你平等的位置上，自然就觉得他们并不重要，把接待或者回应他们的优先级不自觉地往下降，降到了可有可无的地步。

尊重是相互的，你不尊重别人，随随便便就让别人等着你，那别人也不会再尊重你，开始轻慢你，你的人缘就会越来越差，人生路也就越走越窄。

反观那些修养好的人，他们的人生仿佛开了挂一样，顺风顺水，因为得道多助，他们出门就会遇上贵人。

如果你也想提升自己的修养，拥有更好的人缘，却不知道该怎么做，那你不妨先从赴约守时、回应别人及时做起，因为真正修养好的人，从来不会随便让别人等。

钱是个好东西
我希望你也有

01

把江阳扶进车里，我发动车子，说："去你家，还是去我家？算了，还是去我家吧，你喝成这样，你回了家没人照顾，我不放心。"

江阳含混地应了一声，倒头就睡。我叹了口气，说："你何必这么拼呢？应酬能推就推了吧，不就是少赚点钱吗？"就在我以为他不会回应时，后座传来他的声音："少赚点钱？没钱会怎样，你在我身上看得还不够清楚吗？"

江阳的事，我当然清楚了。他和女朋友大一相识，迅速坠入爱河，两个人情深意笃，大学四年里都是学校的模范情侣。可惜，毕业之后，工作没能签在同一个地方，他去了深圳，他女朋友去了南京。

他是从农村走出来的，父母供他上大学不容易，如今他有了待遇还不错的工作，父母总算可以松一口气了。所以，他提出要辞职考研时，遭到了父母的强烈反对。但他一意孤行，还是辞职了，重拾起书本，认真复习。

他考研除了是想要有更大的发展，更重要也更直接的原因是，在南京和他这个专业对口的工作对学历的要求至少都是研究生学历，他想在研究生毕业之后也去南京工作，好陪着她，和她结婚。

他为爱辞职考研的举动把女朋友感动坏了，信誓旦旦地说会等他三年。没想到，才读研一的时候，他就接到了女朋友提分手的电话。他想，也许是异地恋疏于陪伴的缘故，女朋友有点孤单，才会提分手，所以，他二话不说就订了去南京的机票，想好好陪女朋友几天。

到了南京，他站在了女朋友住的小区楼下，才给女朋友打电话说他到了，想要给女朋友一个惊喜。女朋友接到电话很慌张，很着急地问他这会儿在哪儿，他留了个心眼，谎称自己还在火车站，女朋友仿佛松了口气，说她这会儿在外边，一会儿才回家。

过了一会儿，一辆丰田车缓缓地停在了小区门口，女朋友从车上下来了，一起下来的还有个三十岁出头的中年男人，他抱了抱江阳的女朋友，笑着跟她说再见。

女朋友转过身才看到抱着一大束玫瑰花的江阳，她的脸上掠过一阵惊讶和尴尬，旋即神色又变得坦然。她走过来，对江阳说：“喏，你也看到了，我再有两个月就要结婚了，祝福我吧！”江阳扑通一声就跪下了，求她不要分手，求她再等他两年，毕业之后房车他都会有的。

她说：“女人的青春是很短暂的，等你毕业又怎样？毕业的你依然一无所有，我还要等你奋斗多少年才能过上富足的生活？我等不起你了，我要走了。”女朋友没有接他手里的玫瑰花，决绝地转身走了。天上下起了雨，把他的心都淋透了。

回来后，他疯了似地投入学习中。以优异的成绩毕业后，他和导师合伙开了一家科技公司，导师提供技术支持，他主管业务和运营。公司在度过了艰难的萌芽期之后，迎来了高速发展，迅速壮大。

两年多之后，他年收入几百万，买了房，也买了车。买车的时候，他在一辆丰田车前站了很久，我问他：“你喜欢这辆？”他摇了摇头：“这是那个男人——也就是她现在的丈夫——开的车，我要买一辆比他的更好也更贵的车。”

坐在新买的宝马车里，他突然掩面哭泣，哽咽着说：“我现在有钱了啊，房车都有了啊，他只开一辆几十万的丰田，我开的是一百多万的宝马啊！可是，你已经嫁给他四年了，我终究还是失去你了啊！”

我停下车，从后备箱拿出毛毯给江阳盖上，喝醉的他安静得像个孩子。看着他因醉酒而变得酡红的脸，我突然想起了他曾经对我说过的一句话。

他说："我们必须拼搏事业，努力赚钱。即便不为了大富大贵、声名显赫，至少，有钱之后，我们能够守护自己的爱情，让它不必经受金钱和物质的考验。也只有这样，我们才能爱得更勇敢、更有底气。"

02

这几年，因为母亲身体不好，我时常出入医院，看多了人情冷暖和浮生百态，也更深刻地体会到了没钱的无奈。

一位老大爷被送进医院，检查的结果是尿毒症，每周做血液透析就要几千块，想要换肾更是需要几十万块。他的几个儿女看起来都是庄稼人，根本拿不出这么多钱。老大爷无力地挥了挥手，平静地说，咱不治了，送我回家吧。

他的尿毒症已经很严重了，不继续治疗，送回家的结果就是等死。他的儿女们哭了一阵，最后还是去给老大爷办了出院手续。医生陈述利害，反复劝阻，他的一个儿子过来，拉住医生的手说："谢谢你了，医生。我们也知道这病得治，可是，我们没钱，你说这可咋整？"

一个中年男人在医院的走廊里嚎啕大哭，我问他是怎么啦，他告诉我，他的女儿得了白血病，骨髓配型都做好了，就等着骨髓移植了，可是，之前的前期治疗就已经让家里砸锅卖铁了，他现在实在拿不出十几万的手术费用了。

他的声音里满是无奈和悲凉，他说：“我的女儿才六岁，她是那么可爱，可看着她躺在病床上一天天虚弱下去，我却什么也做不了！连手术费用我都拿不出来，我还有什么脸当她的爸爸？”

类似的悲剧实在是太多了，多少本可以挽救的生命就因为没钱只能放弃治疗，最终，至亲的人撒手人寰，给活着的人留下了无尽的痛苦和遗憾。

我们并不知道，明天和意外哪个会先来。我们所能做的，就是努力赚钱，为家人构筑好坚实的物质堡垒。也只有这样，当意外来临时，我们才有足够的能力去保护家人。无论他们是受伤还是生病，我们都不会担心他们因为没钱而得不到精心的治疗和调养。

03

很多朋友做着自己并不喜欢的工作，每天安慰自己去上班的理由只有一个：都是为了生活。可不是吗？要吃要穿，要还房贷或者付房租，要交水电费，要赡养老人、抚养孩子，哪一样不需要花钱？

为了养家糊口，即便在工作里受了天大的委屈，被上司误会责骂或者被同事排挤，他们都只能打碎了牙往肚里咽：不敢辞职，怕下个月的房贷还不上；不敢轻易跳槽，怕新工作的待遇还比不上现在，更怕中间有几个月找不到工作，断了经济来源。

小桃的上司是个色狼，经常会趁小桃去办公室汇报工作的时候，借机靠近，摸她的手，甚至捏她的屁股。每一次他施展咸猪手的时候，小桃都怒声呵斥，严厉制止了他的侵犯行为。

同部门的同事们私下跟小桃说，你以后少给他和你单独相处的机会，他就是个老流氓，部门里的其他姐妹都或多或少地被他占过便宜。小桃说，难道你们都不反抗的吗？这里是公司，又不是他家后宫，他还能无法无天不成？

同事们说，我们向上边反映过，可他是老板的小舅子，后台硬得很，只要他做得不是太过分，没人敢管他。小桃气鼓鼓地说，大不了辞职，他要是再敢碰我，我非得把他闹得下不来台。同事们纷纷劝她说，你就忍忍吧，你要是辞职了却迟迟找不到新工作，那咋办？

没过多久，小桃去他办公室交材料的时候，他旧习不改，又贴了上来。他的手刚搭上小桃的腰，小桃反手就给了他一耳光，当场就拉着他去找总经理。他脸上挂着鲜红的五指印，被一路围观，声名扫地，好不狼狈。

事情一闹大，为了平息众怒，他的领导职位也被撤了，部门同事们弹冠相庆，特别高兴。这样的人渣都能当上领导，这种公司待着也没意思，小桃干脆利落地递交了辞职信，就收拾东西走了。

再找工作的时候，她极为审慎，理想的新工作既要结合她的兴趣和专长，也要有不错的发展前景，当然，决不能再有色狼上司。好工作不容易找，但小桃也不着急，她有积蓄，就算是一两年不工作，她也能生活得很好。

在这种淡定的心态下，人更容易做出理智的选择，最后，她找到了一份很满意的工作——这家公司规模更大，福利待遇更好，也更能使她发挥出专长。

找到新工作后，她请原来的同事吃饭庆祝，席间，有个女同事说："真羡慕你啊，小桃！你既敢反抗职场色狼，又敢辞职跳槽。你看你现在，工作也找的好，以后发展肯定越来越顺。"

小桃笑着说："钱是人的胆，兜里有几个小钱，有些委屈就不必再忍了。我们努力赚钱，不就是为了能做自己喜欢做的事，坚持自己的理想，活得顺心顺意吗？"

04

古语有云：钱财如粪土，仁义值千金。这句话本身就存在逻辑悖论：既然钱财如粪土，那仁义又何必拿千金来衡量？我们从小被教导说钱财不重要，可长大后才发现，视钱财如粪土的人大多也都被钱财视为了粪土。

多少人在现实里碰壁，买不起房，看不起病，体会到了没钱的无奈之后，才终于明白：钱的确不是万能的，可没有钱却是万万不能的；能用钱解决的问题，都不是问题，可问题是没钱啊！

我们曾经有过羞于谈钱的时候，觉得谈钱太俗，伤感情，可是，当你想要给所爱的人富足的生活时，当你想要追求自己的理想时，你会发现，事事离不开钱，有钱会让很多事情变得容易，变得简单。

我们鄙夷那些为了赚钱不择手段的人，毕竟“君子爱财取之有道”，但我们还是要努力工作，拼搏事业，尽可能的多赚钱。香车美人不是我们的追求，富甲一方也不是我们的渴望，我们并不是想要很多很多钱，我们只是想努力让自己拥有足够的钱。

能让父母老有所养，不必再为生活奔波劳碌，可以安然享受生活的闲适，生了病也能得到很好的医治，那就足够。

能让孩子接受良好的教育，充分发展兴趣，他喜欢弹钢琴，我们有钱给他买钢琴、报培训班，他喜欢画画，我们有钱给他买画纸、画笔和颜料，也能找专业老师给他辅导，那就足够。

能让爱人在爱情里获得安全感，过上安稳的生活，不必担心未来，也不用吃穷受苦，那就足够。

能让我们自己在面对梦想和自由时更有底气追求，在面对不公和委屈时更有胆量拒绝，那就足够。

能让我们在面临机会时多一种选择，在遭遇意外时多一份保障，那就足够。

表面上看，我们是很爱钱，其实，我们想要多赚钱，无非就是希望自己能过得开心自由、家人能过得幸福舒适，而这些，都需要足够的金钱来保障。

你拼搏事业、认真赚钱的样子里，藏着你对家人和爱人的爱，也藏着你守护他们的决心，更藏着你为了让生活变得更好而付出的努力。

钱是个好东西，我希望你有。努力赚钱是一种好的生活态度，我更希望你有。

所谓情商高
就是能理解并照顾别人的感受

01

小雪的男朋友劈腿了一个娇滴滴的学妹，失恋的小雪一门不出二门不迈，宅在宿舍里，哭得愁云惨淡，天昏地暗。

我们一帮闺蜜凑上去安慰她，这个说别难过，不就失个恋吗，这世上好男人多的是；那个说你那前男友一看就知道不是好东西，分了好，免得他继续祸害你。你一言我一语，七嘴八舌地一搅合，话题慢慢的就转变成了对渣男的集体声讨。大家都说起自己曾经遇到的不靠谱的前男友，安慰大会悄然变成了比惨大会。

在我们的努力安慰下，小雪哭得更厉害了。正在我们一筹莫展之际，陆琪推开门进来了。她说她来找小雪陪她去吃饭，我们才恍然发觉小雪把自己闷在屋里，都还没吃晚饭。小雪勉强止住了哭泣，哽咽着说她心情不好，吃不下，就不去了。

陆琪拉过凳子，在小雪对面坐下来，给她递了纸巾，拉着她的手说：“小雪，你这么爱他，他还变心去爱别人了，你肯定特难过，对吧？”我们在一旁听得皱起了眉头，有这么安慰人的么？这不是揭人伤疤、戳人痛处吗？小雪点了点头，嗯了一声，眼泪又大颗大颗地掉下来了。

陆琪接着说：“你心里是不是特别委屈，想起了以前的很多事，越想越不是滋味？”小雪继续点头。陆琪又说：“那些事给你的记忆肯定很深刻，你愿意一会儿找个地方跟我说说吗？我会是个好听众的。”小雪弱弱的说了声“好”。

陆琪苦着脸，向小雪撒起娇来：“可是，我到现在都还没吃晚饭呢！你不会忍心要我饿着肚子听你说吧？我们俩这就去吃饭，好不好？吃完我们可以找个地方坐一坐，你想说的，我都听着。”

看小雪没有什么明确的表示，陆琪从小雪衣柜里给她拿出一件外套穿上，把小雪推到洗漱台那儿，让小雪梳洗一下。然后，在我们的目瞪口呆下，她就这样把我们之前怎么劝都不为所动的小雪带出去吃饭了。

仔细一想，我们之前劝小雪别难过是在否定她的情绪，骂她前男友是渣男，这是在间接否定她的眼光。别看我们叽叽喳喳的说个不停，看起来很热心地在安慰，可全都没有说到点子上。

陆琪不愧是大姐大，姜还是老的辣。她一来就先告诉小雪，她看见并理解小雪的悲伤，然后从小雪的情绪感受出发进行引导，没有急于抚平小雪的情绪，先让小雪愿意向她倾诉，和她一起出去吃饭。

从始至终，在情感上，陆琪都和小雪站在了一起，没有不痛不痒的安慰，只有感同身受的理解。如果说小雪的悲伤在心里蓄满了一汪湖水，那么，陆琪就像那把打开心扉的钥匙，帮助小雪把情绪宣泄出来。

像陆琪这样情商高的人，真会安慰人。

02

过了一年多，小雪又谈了个男朋友，是一个理工男。他大方得体，笑容温暖，一改我们对理工男的刻板印象。

小雪过生日的时候，他俩请我们这些好朋友吃饭。我们到了饭店，进了包间，他迎上前来打招呼，不动声色地为我们几个女生拉开椅子，方便我们入座。

点菜的时候，他把菜单递过来，让我们每人点几道自己喜欢吃的菜，我们推说让他随便点就好，他也不矫情推辞，拿回菜单后，他先问我们吃东西有没有什么忌口的东西，能不能吃辣，才开始点菜。

菜上来以后，我们才发现他事先应该是通过小雪了解过我们的喜好，几乎为我们每个人都点到了爱吃的菜。宫保鸡丁和麻婆豆腐很明显是为我这个川妹子点的，白斩鸡和叉烧肉是给小蓉这个广州姑娘点的。他能这么细心的照顾到我们每一个人的口味，这不禁让我们对他顿生好感。

吃饭时，他话不是很多，最开始抛了话题出来，暖了场，就一直认真地听我们几个聊天，间或说几句，都恰到好处的衔接了话题。要是谁想吃哪道菜，隔得远了，有点难够到，他就把菜转过去，方便别人夹菜。

一顿饭吃下来，我们吃也吃好了，聊也聊得高兴，可谓是宾主尽欢。他给人的感觉温润如玉，全程他没有抢话头、出风头，乍一看存在感很低，但他就像整场交际活动的润滑剂，让我们互相之间妥帖、融洽，让每一个人都感觉被照顾到了，如沐春风。

原来，情商高的人，也很会照顾人。

03

之前认识了一个朋友，他是那种自来熟的人，跟谁都聊得下去，每次聚会，他都会处于话题的中心，可我们都很不喜欢他，因为他太没有分寸感了。

不管别人说什么话，他都要插进去，几句话就要把话题引到自己身上，然后开始自我吹捧。为了表现自己的幽默，他经常开很多玩笑，可他又拿捏不好玩笑话的对象和分寸，所以，时常开错玩笑，把别人惹急了。

一起玩的时候，难免会有朋友说错话或做错事，出了点洋相。这种时候，我们其他人一般都会打下哈哈，转移话题，帮出洋相的那个人掩饰尴尬，可他倒好，别人本来就很尴尬了，他还要以此开玩笑，大肆调侃对方，引以为乐。

有一次，一个坐他旁边的姑娘不小心放了个屁，好在没多少人注意到，但姑娘还是很害羞，脸红到了脖子根。他自以为幽默地调侃了一句："姑娘，听你这口音，不像是本地人啊！"大家把头转过去的时候，我看到那个姑娘手放在膝盖上，拳头握得很紧，指甲都快抠进了肉里。相信在那一刻，人家姑娘杀了他的心都有了。

后来，大家再组局，就很少再叫他了。真叫他去了，他倒是开心了，指不定我们要被他弄得怎么闹心呢。

他开玩笑不注意分寸，不会考虑对方是否能接受，在哗众取宠的时候，他又从来不会在意别人的感受。像这样不会为别人着想的低情商人士，我们当然只能敬而远之。

04

以前，人们都以为，一个人所能取得成就的高低与他的智商息息相关。后来，人们才发现，很多时候，相比于显露于外的智商，内敛于心的情商对于人的生活和事业有着更重大的作用。

智商决定了一个人能依靠自己解决多少生活和事业上的难题，可情商高的人，哪怕自己解决不了，他也能利用他的好人缘和广人脉来寻求朋友的帮助和支持，做成更多的事情。

情商高，并不是指处事圆滑、八面玲珑，圆滑世故带了太多功利的痕迹，也流于表面。真正的情商高，是能理解并照顾别人的感受，也就是心理学上说的能共情，有同理心。

情商高的人，内心不会封闭得只看得到自己的需要，他们的内心是开阔的，愿意接纳别人，把别人的感受也纳入自己的考虑范围之内。他们能够体察别人的情绪，以妥帖的方式照顾对方的情感需要。他们恰如春雨，润物细无声，给人以润泽的慰藉。

真正情商高的人，不会刻意去讨好谁，把别人放在心上是他自然而然的举动，他就像一条沉静流淌的河流，途经的每一颗石子都被他温柔地对待过。每一个人与他相处的人都会觉得自己的感受被他感知到，也被他理解并且尊重，还给予了春风般温暖的照拂。

这样会把别人放在心上、会理解并照顾别人的感受的人，谁会不喜欢和他们交朋友呢？多个朋友，就多一份友情，也多一条路。可以走的路多了，人生就更容易通向宽广的天地，未来的格局自然也会更大。所以，情商高的人，从来都不会混得太差。

真正爱你的男人
哪舍得你太懂事

01

王韬曾经谈过一个很懂事的女朋友。

那个叫范琦的姑娘在市政府上班，出身于书香世家，长相不算惊艳，很素净的一张脸，恬淡温婉，待人接物都礼貌周全，让人如沐春风。她有一身好厨艺，空闲的时候还会练瑜伽健身，身材好得像男人视线的吸铁石，男人的目光一落上去，好半天才挪得开。

这样上得厅堂下得厨房、带得出去也带得回来的好姑娘，竟然砸王韬手里了，王韬真是高兴得做梦都要笑醒。

两人的相处也很愉快，王韬本就性格随和，范琦又善解人意，想吵架都吵不起来。王韬写文案的时候，范琦会泡好咖啡，加了牛奶端过来，还给他揉揉肩。王韬出去应酬，喝得大醉回来，她煮好醒酒汤，喂王韬喝了，给他擦拭手脸，照顾得细心周到。王韬生日的时候，她在KTV预定了包房，给他买好了礼物，联系了王韬的好友，一起给了王韬一个惊喜。

如果有“中国好女友”的奖项的话，范琦肯定当选，不当选都对不起她那么善解人意，那么温柔体贴。

王韬之前谈过几次恋爱，前女友们有的淘气有的作，没一个比得上范琦这么懂事。和这么懂事的女孩在一起，真是舒服省心，王韬寻思着要不就结婚吧，于是就知会了双方父母，约在酒店吃顿饭，好商量结婚的事。

王韬事业小有成就，为人稳重踏实，范琦父母一直很认可他。王韬的爸妈也很喜欢温顺懂事的范琦。那顿饭吃得宾主尽欢，结婚的事两方父母当场拍板定了下来。

结账的时候，服务生过来说，不用结账了，经理说了，他们这桌免单。无端受人恩惠，王韬觉得不妥，非要找经理来。经理过来，范琦见了他之后，从钱包里拿出一沓钱扔到他身上，丢下一句“谁要你免单？怕我付不起吗？”就跑了出去，把王韬和双方父母晾在了一旁。

双方父母都很诧异，问道：“琦琦这是怎么了？”王韬安抚了一番，把他们送上出租车之后，黯然地回了家。

他第一次不再为范琦的懂事而感到高兴。他忘不了范琦看到那个经理时的表情，吃惊，嫉恨，愤怒，还有显露出脆弱内核的歇斯底里。他还是第一次看到这样的范琦，之前的几个月里，他所认识的范琦都是柔和的、温润的，淡淡地笑着，像一朵柔美的花。

原来，她对他的淡然不是因为包容，而是因为不在乎。他没能真正进入她心里，自然无法触及她心里最柔软的地方，也就不能让她开怀大笑，让她痛哭失声，让她丢弃矜持和形象，展露最本真的自我。

她在他面前那么懂事，其实是因为她并不爱他啊！

02

那天，范琦很晚才回来，眼睛红肿，很明显大哭过一场。王韬倒了杯水递给她，抱了抱她的肩膀，说："来，喝口水，坐会儿吧，如果你愿意说，我会是个好听众。"范琦接过杯子，喝了一口水，往椅子上坐了，抬起头看了他一眼，说："对不起。"

王韬心一沉，她如果说的是"谢谢"，那是在感谢他的理解和不多问，可她开口就说"对不起"，那必然是她于心有愧。看来，她终究爱的不是我。希望的火苗倏忽而灭，王韬强挤出一丝笑容，坐在一旁。

范琦很快调整好了自己的情绪，把往事像潺潺溪流一样流向了王韬。那个经理叫陈知远，是范琦的前男友，范琦认识他的时候刚大学毕业参加工作。那时的陈知远虽然学的是酒店管理，但还没有做到经理，就职的也只是一家小酒店。两个年轻人刚走出大学的象牙塔，还没摸清楚现实社会的规则，工作上跌跌撞撞，四处碰壁，但好在心中有爱，可以相拥取暖。

当时的范琦，是一个很不懂事的女朋友。工作上受了委屈，回去就苦着脸，非得陈知远哄半天，搬出美食诱惑，才破涕为笑。生病的时候，范琦更要享受一下病号的特权，粥要陈知远小火慢炖，细心熬好，一勺一勺喂给她吃；要去上厕所，她也会装作起不来，伸着手等陈知远抱她。陈知远没空陪她的时候，她明知道陈知远是在忙工作，还是会忍不住发脾气，嘟着嘴抱怨。

陈知远起初是很有耐心的，范琦撒娇的时候，他就含着笑宠溺的哄着，哄得范琦心里像吃了蜜一样甜。后来，陈知远对她的热情和态度慢慢的冷淡了下来，范琦再撒娇的时候，陈知远就不耐烦的说：“你能不能成熟点，没看我正忙着吗？”可他明明就是在玩手机，却不愿抽出时间来多陪陪她。

受了同事的排挤，范琦心里憋着一肚子的气，才跟陈知远说到一半，陈知远就粗暴的打断她说，这是你的不对，你以后该如何如何。范琦其实是知道以后该怎么做的，她只是想向他倾诉一下，让他哄哄她，可是他没有。

过生日的时候，范琦满怀憧憬地等了一天，猜着陈知远会给她怎样的惊喜。陈知远下班回家后，范琦开心地迎上去，却看到陈知远手里没有蛋糕，没有鲜花，也没有礼物。范琦愣住了，陈知远看到冷清的家里并没有做好的饭菜，斜了她一眼：“回家这么早，怎么不做好饭呢？”她诧异的问道：“难道你今天不打算带我出去吃饭吗？”

原来，陈知远竟然忘记了今天是她的生日。陈知远捉住她的手，说：“我们现在就出去吃，我带你去吃点好的。”她负气地甩开了手。陈知远凑上来劝了一句，她把脸扭向一边，不想听他解释。陈知远又哄了几句，看她不为所动，话说急了，抬手就给了她一耳光：“你他妈能不能懂事一点？别闹了！”她抚摸着自己红肿的脸颊，惊愕的看着眼前的男人，眼泪像断线的珠子一样掉了下来。

后来，她努力地做一个懂事的女朋友。生病了不撒娇，痛经了不嚷嚷，遇到困难自己解决，受了委屈把眼泪往肚子里咽，孤独的时候就一个人看看书，不会再撒娇要他陪了。

她多想像以前一样娇蛮地撒娇，近乎贪婪地索取他的宠爱啊！她不是长不大，她在职场早已变得成熟干练、八面玲珑，只是在他面前，她想卸去所有伪装和盔甲，幼稚得像个孩子，也不用担心得不到他的宠溺和关心。

可是，那不行的。他推开她，让她别去烦他；他甩她一耳光，让她懂事一点。她只好收起小脾气，咽下委屈，忍住眼泪，藏起孤独，温柔地、得体地对他笑，像他所期待的那样。

再后来，陈知远劈腿了公司的新同事，一个和当初的她一样娇蛮任性的小姑娘。他让她懂事一点，她真的懂事了以后，他却去找了一点也不懂事的别人。

03

王韬叹了口气，说："那段时间，自己一个人，死死撑住一段爱，肯定特别辛苦，对吧？"

这句话，轻得像羽毛，却又暖得像块烧着的炭，落在范琦心里，烫得她终于忍不住掉了眼泪。往事如尘，翻动记忆的时候扑簌而落，迷了眼睛，扯动柔肠。难得的是有一个知冷热会体贴的人，看穿你的成熟伪装，懂得你的故作坚强，心疼你的伤心委屈，会问你一声："累不累？累了的话，在我这儿歇歇吧！"

范琦哽咽得说不出话，只能拼命地点头。王韬为她擦了擦脸上肆意流淌的眼泪，动作轻柔得就像蝴蝶在花瓣上翩跹起舞，像是怕弄疼她，又像是怕打扰她哭泣。

王韬说："婚期延后半年，我们出去散散心吧！咱去塞班岛，那儿的海水特别清，我们可以坐着船出海，就着满天霞光，吃一次夕阳晚宴。海风吹过来，能把所有烦恼、一切伤心事都吹到身后，落进海里。”

范琦不敢置信地看着他：“我们还结婚？你不介意？”王韬靠过去，把她揽进怀里，拍了拍她的背，柔声说：“我介意什么？介意你是这么一个真实不做作的好姑娘吗？”

范琦没有回话，静静的靠在王韬坚实的胸膛上。过了一会儿，王韬装作无奈地说：“你要再哭，我这衬衫可就白洗了啊！”范琦从他怀里钻出来，俏脸微红，正要说点什么，王韬伸食指堵住了她的嘴唇，说：“你哭的样子虽然比平时难看了一点，但你还别说，真挺可爱的，以后在我这儿可不要再那么懂事了啊！你总得给我留一点宠你照顾你的机会和空间，是不是？”

也许是上一次恋爱的心理阴影还未驱散，范琦有点忐忑地说：“可是，那样的我会不会很烦，很讨厌，很不值得爱？”

王韬弹了她光洁的额头一下，说：“你个小傻瓜！出了家门，你不得不成熟懂事，得体妥帖，就已经很累了，回到家你还撑着干什么？你就是我的小女孩呀，我就喜欢你活泼天真、单纯热烈的样子，你怎么撒娇，我都给你接着。”

凑上去吻了吻范琦的脸颊，王韬又在她耳边深情的呢喃了一句：“琦琦啊，真正爱你的男人，哪儿舍得你太懂事。”

希望你所有的快乐无需假装

再艰难的时光都会过去，别怕。

你只管努力，你想要的，时间都会给你。

世界太小
我还是弄丢了你

01

你还好吗？

再见到你，是在人来人往的大街。你牵着个小男孩，他看起来只有三四岁，蹦蹦跳跳的。你耐心地跟他说着话，哄着他，脸上有慈爱又柔和的母性光芒。

我夹着公文包，西装革履，步履匆匆。我的目光越过一张张面目模糊的脸，扫到你的时候，停了下来，再也挪不开。

那是你吗？长发挽起，面容素淡，连妆都没有化，洗尽铅华。记忆中的你，不花半个小时妆，不惊艳全场，都不出门的。

那是你。脸上挂着淡淡的笑，笑起来的时候，眼睛会眯成一条缝，脸颊上漾起两个小酒窝，仿佛要把人给陷进去。

你抬起头，也看见了我，笑了笑，主动跟我打招呼，你还好吗？

我还好吗？

我不好。没有你的日子，又怎么算得上好？

我也笑笑，我很好，你呢？你儿子呀，很可爱嘛！

你挑挑眉，耸耸肩，还不错，也就那样吧，成天伺候这小家伙。

熙熙攘攘，人来人往，世界如此吵闹，可我俩之间却只有沉默在发酵。

今天之前，我设想过很多次与你的重逢，我以为我有一肚子的话要对你说。没想到，真正见了你，我却什么也说不出来。

我们之间隔着的，又岂止是面前的这三步之遥，我们是隔了六年的时光啊。

时光像银河一样隔开你我，牛郎织女有鹊桥，我们呢？我们只有回忆。

时光让你我无声的诀别，我心里有个声音，是时光给我的悄悄话。它告诉我，不必再说，也不必再见。

02

认识你的时候，你比现在美。

社团招新，我忙碌在一份份自我简介和一张张稚气紧张的脸里，一个如百灵鸟般悦耳的声音插了进来：师兄，你好，我想参加你们社团，可以吗？

我抬头，看见一个姑娘。她身上洋溢着青春的活力，像夏季茂盛的植物在拔节生长。她带着好奇的目光，脸上没有不安和拘谨，盛开的盈盈笑意如墨绿在香樟树上温柔流淌。

她是你。

我愣住了，我竟然结巴了：可……可以……我们招的……招新的……好的。你盯着我瞧了几眼，嘴角如月牙弯起来：师兄，你真逗，你怎么看起来比我还紧张！

你看，那时候，你就爱笑，胆子也大，飞扬跳脱，活蹦乱跳，像小野兔。

看你欢快的身影，我多想变成一只笼，哪怕限制了你的自由，我也只想把你留在身边。

03

追你，比我想象中容易。和你在一起，也比我预想的更顺利。

仿佛就是一起忙了一学期的社团活动，吃过几次饭，有一搭没一搭的发了几个月的短信，我就牵起了你的手。

在一起后，你嘟囔着小嘴，不满地嚷嚷，说自己吃亏了，应该高冷一点，给我吃尽苦头，要我百般殷勤才能追上，现在倒像是自己送上门的了。

我说，咱俩这样自然而然的在一起，不是更好吗？还有什么比我喜欢你的时候你也恰好喜欢我更美妙的事呢？

你歪着头，想了想，大大咧咧地一挥手，好吧，又被你说服了，你的道理总是那么多。

我说，看你不服气的小眼神，你哪里是被我说服了，我们俩啊，就像磁铁的南极和北极，互相吸引，不在一起都不行。

你突然咋呼起来，那不行，要是我俩是同一块磁铁的南北极，那不是只能遥遥相望，不能长相厮守了。

我笑着拿指节敲你脑门，你这小脑袋，一天到晚都瞎想什么，脑洞开得比天还大。

没想到，你一语成谶。我后来才知道，你当初说的是对的，我俩真不能长相厮守了。发现的时候，我哭了。

04

我们虽然很恩爱，但并不是铁板一块。恰恰相反，我们经常吵架，越吵越凶，吵到后来，你流泪，我沉默。

隔天，我嬉皮笑脸去哄你，你骂我，让我滚，我顺势往你怀里靠，说我这不滚过来了吗。你拿手推我，我张嘴咬你，衔着你手指，我舍不得咬下去，只轻轻的吻。你缩回手指，装出嫌恶的样子说，你属狗的啊！我看着你，深情而专注，汪，汪汪，汪汪汪。你绷不住，笑了，打了我一下，一点也不疼，我也笑了，起身搂着你，啃了你一脸口水。你不甘示弱，在我脖子上种了很多颗“草莓”，害得我大夏天的只能穿高领。

你看，我们曾经那么好啊，好得像永远不会分开似的。

后来，我临近毕业，开始四处投简历，整天赶场一样参加笔试面试。校园里的风光和欢笑，不过是娇弱的花朵，是经不起社会的寒霜的。我求职碰壁，开始怀疑自己，自怨自艾，自暴自弃。你的耐心和温柔蓄起了一池春水，温暖心脾，让我能够渐渐安宁下来。

找到工作的时候，我开心地把你抱起来转了个圈。你的笑容如百花盛开，笃定的声音给了我充足的信心：我就知道，你是最棒的，你一定可以的。

我们破天荒地去吃了顿大餐。你在西餐厅里细心地撒上酱汁，切好牛排，推过来给我。说起来还真是寒碜，和你在一起近三年，经常带你吃路边摊，都没带你吃点好的、贵的。

我心里替你委屈，你一个家境优渥的姑娘，跟着我这个穷学生，没享什么福，就成天穷开心，傻乐了。

你不介意，坐路边摊的小凳子上吃麻辣烫、吃铁板烧，你都吃得很开心。这是你的好，春风十里，真没哪里比得上你。

05

我俩会分开，不怨你，都怪我。

入职之后，上司给了我很多工作任务，有分内的，有分外的。我一整天连轴转，忙疯了，都没怎么顾得上你。

好不容易周末休息了，我累了一周，只想歇着。新上映的电影，你兴冲冲的买好了电影票，我临时变卦了，没和你去。你跟我说南街那家小餐馆又上了新菜式，听说还不错，要不去尝尝。我跟你说，算了，太远了，拿起手机就叫了外卖。

是有多久没和你一起去逛街了呢？很久了吧，久到我想起来的时候，我都不知道你身上穿的衣服是什么时候买的，在哪儿买的，你买的时候，没有我在旁边告诉你好不好看，你对着试衣镜自个儿转来转去的照的时候，心里肯定很难过吧。

以前抱着你，一起躺沙发上看综艺节目，看到高兴处，两个人哈哈大笑，滚作一团。工作后，比起笑过就没了的那些消遣，我更关心房价涨了没，什么时候攒得够首付，我更愿意看看财经新闻，寻找下有没有合适的理财渠道。

你跟我说学校趣闻，说得眉飞色舞，兴致高昂，我埋着头吃饭，只把眼皮抬了抬，哦，是吗，嗯。看我反应冷淡，不感兴趣，你讪讪地停了说话，笑容僵在脸上，像跳出湖面就被射杀的鱼。

你努力适应我的兴趣，找话题和我说话，但我跟你越来越聊不到一起去。我忙于在职场拼搏，焦虑于在社会容身。校园里的那些事，在当时的我看来，都太小，也太幼稚了，不值一提。

忘了是有多久，你没跟我撒娇了。忘了是有多久，我没主动联系你，只是接你的电话，回你的短信了。忘了是有多久，我没再深情地吻你，在你耳边呢喃“我爱你”了。

06

你说分手的时候，我生气了，比你还生气，好像被冷落被忽视的那个人不是你，而是我。

我吼你，我拼死拼活，是为了谁？还不是为了早点在这个城市给你一个家！你不理解我，不支持我，也就算了，你还跟我提分手！你能不能懂事一点？

你看回我，泪光莹然，有房子就是家吗？有爱有陪伴才是家！你变了，你不再是我爱的那个人了。那个人不会这么凶我，他很温柔，也很心疼我。我们散了，就这样吧。

你收拾东西离开了，我想追出去，才迈了两步，就收住了脚。在这段关系里，最近这段时间，我也累了。我想先忙一阵工作，等你气消了，我再去哄你回来。

打断骨头连着筋，我俩怎么可能真的分开？想跟你复合，那还不容易？除了嫁给我，你是无路可逃的。

07

我是真没想到，你是骨子里藏着一股狠劲儿的姑娘，爱得彻底，走得决绝。

你换了手机号，换了QQ号，换了微博号，换了一切我能联系到你的方式。我通过我俩的共同好友联系上你，你知道是我，就立刻把我拉黑了。去学校找你，你避而不见，终于堵到你，你转身就走。

我慌了，我怕了。我怕真的失去你，我怕未来没有你。

我发了疯似的去找你，去追你。你冷笑，守了那么久堵着我，你看，即便工作了，你也并不是没有时间的，不是吗？那之前你哪儿去了？你既然腾不出时间，那就忙你的工作去吧，别来烦我

我哀求，我忏悔，你走开了，没有理我。

再后来，你也毕业了，去了其他城市工作，我终于彻底失去了你。之前失去了你的爱，现在，连你的消息、你的近况，我也没有了。

我没有别的办法可想，闷着头，一心扑在工作上，很快在公司崭露头角。成为项目经理后，我更忙了。忙点也好，这样就少点时间想你，也少点时间难过。

08

你笑着对我说，再联系，再见啦。

我微笑回应，好的。

走过你，没几步，我突然落下泪来。我知道，我们不会再联系，因为我甚至没有你的联系方式。我也知道，我们不必再见，你已为人母，我也即将结婚，我们之间，只有过去，没有未来了。

世界太大，我还是遇见了你。那次初遇，多么美丽。

世界太小，我还是弄丢了你。这场诀别，用尽力气。

你是我只配错过的好姑娘

01

“林总，没想到你还喜欢这样的小玩意儿啊！”

说话的是另一个公司的项目经理，刚刚我们言谈甚欢，就新项目达成了合作意向。我起身送他出去时，他目光一扫，看见了我办公桌上的小熊猫挂件，于是轻笑着调侃我。

也难怪他会发现。在一个庄重大气的CEO办公室里，出现这样一个呆萌的玩偶，实在是太突兀且不合时宜了。

我耸耸肩膀，露出个无奈的笑容，没办法，我女朋友喜欢这个。项目经理嘴角勾起一抹玩味儿的笑意，道了声别，走了出去。他一定是想，林总这么精明世故的人怎么会找了个少女心的女朋友，还这么怕她。

他这么想，也没什么。少女心怎么了？少女心的你，多么可爱，多么美好啊！

你看，分手这么多年了，我还是不愿意改口称你为前女友，仿佛坚称你是我的女朋友，就能忽略你已经不在我身边这个事实，就能当作我们依然在一起。

这个小熊猫挂件是你让我去要来的。当时我们逛街，宜家在搞活动，这个小熊猫是赠品，你看到它很可爱，就走不动路了，非得叫我去把它要过来，你才肯走。我拗不过你，厚着脸皮去要来，你宝贝似地拿着，笑了一路。

我说，不就一个小绒布熊猫嘛，有什么好高兴的？你两眼放光的说，你不觉得它很可爱吗？和我一样可爱！看在小熊的份上，以后我们结婚了，买家具就来宜家吧！等我们有车了，这个小熊可以挂在车窗前，有了它，坐车的心情都好了很多呢！

这个是小熊猫，不是小熊，我没好气的纠正你。你犯了迷糊，愣了一下，眨眨眼睛说，小熊猫和小熊不都一样吗？我理科男爱较真的脾气上来了，这怎么能一样？你眼睛一瞪，伸手过来挠我，目露凶光的威胁我："我说一样，那就是一样！你敢顶撞我，看我不挠死你！"

好吧，就让你把小熊猫当成小熊吧！好吧，就让我把变成前女友的你还当成女朋友吧！

02

我随手拿起小熊猫挂饰，去地下停车场取车。坐进车里，我把它挂在了车窗前。它摇来晃去的，形态可掬，真的很可爱，和你一样可爱。

坐在车里，我没发动车子，发了会儿呆。车的座椅是真皮的，柔软又不乏弹性，坐着很舒服。只是少了你坐在副驾驶，车里显得空旷，冷清，又寂寞。

我突然有点怀念曾经那辆绿色的小电驴了。在大学时，我就骑着它载着你东游西逛，去美食城吃烤串吃麻辣烫吃铁板烧，去情人坡看流云看樱花看被吻得满面羞红的你。

后来毕业了，我又骑着它去接你上下班。你说绿色是充满希望的颜色，所以，你把它命名成新希望号。你坐在新希望号的后座，我怀里的空气，变成傍晚的微风，越过我，吹向你。你的长发被风撩起，跳跃，飘扬。

有好几次，中途下雨了，你撑开伞，遮着你，也遮着我。风把雨斜吹过来，你怕我被淋湿，把伞歪向前方。我瞥见有雨落在你身上，我假意生气，说你的伞挡住我的视线，我都没法看路了，让你把伞往后挪。你嘻嘻笑着说，我知道你是心疼我，怕我淋湿，那我这样，不就淋不到了吗？说着你就贴过来，我的后背传来柔软又温热的触感，你的呼吸触在我脖颈上，我心里涌起一股热流，暖暖的，甜甜的。

03

发动车子，我把车开出了地下车库，穿过街口。在等红灯时，我侧过头，透过车窗看了一眼街道两旁的高楼大厦。

这儿是整个城市的中心，每天有数不清的人、钱和信息从这里进进出出。它就像城市的心脏，它的每一次跳动，都是在为这座城市输送血液。

你一定想不到我真的能把公司开在这里吧。

大学毕业时，我没有加入就业大军，选择了自主创业。当时我搂着你，指着远处城中心的高楼，雄心万丈地对你说，你信不信，总有一天，我会把公司开到那些高楼里去，到时候，你就是羡煞旁人的老板娘！你白了我一眼，你以为是开个火锅店啊，还老板娘？快叫我董事长夫人！说完自己就先笑起来，倒把我也逗乐了。

那真是一段无忧无虑的欢快时光啊！生活还未展露它的峥嵘，我们还停留在最美好的模样。

可惜，好景不长。我讨厌好景不长，相比之下，如果我和你之间一定要有个成语来形容的话，我更希望和你的分手不过是虚惊一场。它就像偶像剧里男主女主的一次误会，一次闹别扭，丝毫不会影响最终幸福圆满的大结局。

当时移动互联网刚刚有兴起的苗头，很多互联网巨头还停留在PC网络的欣欣向荣里，并没有意识到，一场深刻的变革就要来临。我早早的就嗅到了这份商机，找了几个朋友，合伙开了家小公司，做手游开发。

我们几个人都刚走出大学的象牙塔，创业完全是摸着石头过河，自然少不了摔跤。我们出现得早了一些，市场和受众都还没准备好，公司一度陷入运营危机，

那段时间，我急得整晚整晚地睡不着觉。你柔声安抚着我，在我焦躁不安时，像一片羽毛一片花瓣，把我轻柔覆盖。

但我依然心中焦虑，因为这次创业不仅是我的梦想，更是你我的未来。我太想要成功了，我太想要赚足够多的钱，在这个城市给你安一个温馨的家了。

外界的压力和内心的责任感像一把火，炙烤着我。我憋着一肚子的气，没处发泄，最后都撒在了你身上。挑剔你做的饭菜，嫌弃你帮不上忙，只会烦我，把自己一个人闷在房间里，不理你，甚至骂你。

我不是不明事理的人，我知道不该对你发脾气，不该迁怒于你，

可我就是控制不住自己的情绪。你用你的善良和柔软承受着我的暴虐，你也委屈，但你知道我只是着急了，你体谅我心里很苦。

在骂了你之后又把红了眼圈的你搂在怀里时，我在心底对自己说，林煜城，沈思怡是值得你拿一辈子来疼爱的好姑娘，你一定要对她好一点，再好一点。

04

运营不善，再加上时势不好，公司几经挣扎，最后还是倒闭了。

我亏得一无所有，还欠了一笔不小的债务。一个二十几岁的年轻人，怀着男人的满腔抱负，离开家乡，来到大城市，想要打拼出一片天地，却被现实无情的击倒在地，碾压成泥。我的心情不是悲伤，更是绝望而彷徨。

你安慰我说，会好起来的，先去找份工作做着，以后再找机会。我颓然的看着你，失神的问你，可以吗？我真的可以吗？你扬起下巴，骄傲的说，你当然可以啦！我沈思怡看上的男人，又怎么会普通？

你的鼓励和信任重新点燃了我的斗志，我意气风发的去求职，然后失败。再去另一家公司面试，还是失败。
那会儿还不是后来大众创业万众创新的时代，自主创业还失败了的经历写到简历里并不能为我增分添彩。壮志难酬的苦闷和努力受挫后的戾气还在我心中徘徊不去，使我很难静下心来从底层做起。试问，哪一家公司会要一个没有工作经验还眼高手低的员工呢？

求职失败再次激起了我对自己的怀疑和对现实的不满，我变成了一个负能量的垃圾桶，成天宅在家里，抱怨社会，厌弃自己。

你把我的头抱在怀里，温柔地说，别担心，会好起来的，你平时多看看书，有空就出去转转，我的工资也还够，我先养你就是了。

我像个火药桶一样爆炸了：你除了说会好起来的，你还会干什么？谁要你养？我一个大男人又不是小白脸，会需要你养活？

话刚出口，我转念一想，房租是你交的，水电费是你交的，饭菜是你买回来的，甚至避孕套都是你拿钱去买的。一念及此，一种深深的无力感袭中了我，我顺手砸碎了一个杯子，踢倒了两把椅子，就摔门而出。

在公园里游荡时，你打电话过来，我挂了没接。你再打来，我又挂了。你还打来，我索性关了机。我没有办法面对自己，更没有办法面对你。我就是一个Loser，一个需要靠你养活的Loser啊！

到了深夜，走累了也走饿了的我终于回了家。打开房门，玻璃碴子已经被你清扫干净，椅子也被你扶起来摆放整齐，桌上放着还有点温热的饭菜，只是家里已不见了你。

我慌了，我着急了。我在家里找来找去，发现你把你的所有东西都带走了，只给我留了一封信。信里你说，房租你预交了半年的，我卡里有你刚转的五千块，你累了，没有办法陪我走下去了，就当你是个不能陪我吃苦的坏女人吧，你要走了，我们分手吧。

我打你电话，关机。我冲出家门，去了一切可能的地方找你，都没有找到。第二天，我去你公司找你，你的同事告诉我，你已经在昨天晚上给上司发了辞职信，并委托这位同事帮你代办离职手续。

你就这样离开了我，离开了我的生活，离开了我的世界。

05

倘若我真要找你，自然是找得到的。可我有什么脸面去求你复合呢？和你复合，不是让你接着养着我这个大男人吗？我一无所有，我拿什么来爱你？更何况，我们之所以会分手，完全是我自己咎由自取。

这个世界上，在男人最困难的时候离开他的，有两种姑娘。

第一种姑娘很物质，嫌贫爱富，不愿意陪着他吃苦。

第二种姑娘不介意他穷困潦倒，愿意和他共同共苦，她会离开，只是因为穷困把她爱的这个男人变成了暴躁、自卑、消沉这可憎的模样。她可以接受他事业失败、一无所有，但她不能接受他连信心和对她的疼爱也失去，眼里没了光彩，扭曲如蛆虫。

第二种才是好姑娘，她的离开才更让男人痛苦和后悔。而你，就是这样的好姑娘啊！而我，是真的痛苦了，后悔了啊！

带着这份痛苦，我开始认真找工作，积攒经验。与此同时，我也积极关注行业动态，分析行业趋势。两年后，移动互联网的大势已经凸显，风投闻风而动，我辞职后再次创业，发力O2O，在艰难熬过新生期后，终于迎来了投资人的青睐。天使投资，A轮融资，B轮融资，我的公司从四环不停的往里挪，一年前终于挪进了城市中心。

我真的成功了。可，我也是真的失去你了。

06

这些年，随着财富的增长，我能做的事越来越多，你的消息不断地通过中间人传进我耳朵里。

和我分手两年后，你交了新的男朋友，是个公务员，没我样貌好，能力也不如我，但对你是真心好，也很疼你。又过了一年多，你和他结婚了。听说你婚后很幸福，和他很恩爱。

你知道吗，我一直还爱着你。

你知道吗，其实在我情况好转后，我有想过回头和你复合。

当时，我的公司已经开始盈利，我正在和天使投资人接洽，我的座驾也从那辆绿色的新希望号换成了宝马。

当时，你和那个公务员男友在一起没多久，那天我开着宝马意气风发地去找你，正好撞见你们牵着手走过，你仰头看他，眼里是曾经看我的那种光芒。

那是一种怎样的光芒呢？和你在一起时，我没觉察，现在以旁观者的姿态，我看清了。那是一种弱水三千你只取一瓢饮的光芒，那是一种漫天星辰都黯淡只有他最闪耀的光芒，那是一种爱恋的、依赖的、幸福的光芒。

看见也看懂你看他的眼神时，我知道我输了。我把宝马熄了火停在路边，我哭了，因为我知道，我是真的真的失去你了。

这个世界上，有两种姑娘。

第一种姑娘离开你之后，当你飞黄腾达功成名就时，她会后悔错过了你这支潜力股，你也会获得一种复仇般的快感。

而第二种姑娘，当她决心离开你时，你就知道，无论你这辈子再怎么成功富贵辉煌伟大，甚至努力改变自己身上不好的地方，变得优秀而迷人，你都没有办法再吸引到她当初看你时那真诚又迷醉的目光了。

第二种才是好姑娘，但同时也更让人绝望，因为她离开你，是真的不打算再和你走下去，你变得再好再成功，她也不会再爱你了。而你，就是这样的好姑娘啊！

07

越过城市川流不息的车龙，我把车开回了家。不，它空荡荡的，还不能叫家，它只是一幢别墅，既昂贵，又冰冷。

下车时，再次看到那个小熊猫挂件，我犹豫再三，终于还是把它取下来，扔进了垃圾桶里。

我要做一个不动声色的大人了。我不能再情绪化，我也不能再偷偷想念你，我更不能回头看。你已经去往不同的海，你已经去往没有我的未来。我也应该去过自己另外的生活。

我希望自己能够早点遇到另一个好姑娘，开始一段和你无关的幸福爱情。

我也祝你幸福，我只配错过的好姑娘。

对你挑剔拿你比较的爱人
就别再爱了吧

01

璐璐和她男朋友终于分手了，我们忍不住把她叫出来，大家一起为她庆祝。

她男朋友简直就是个极品，自己条件不咋地，对女朋友的要求还挺高。

璐璐出身于书香世家，父母都是大学教授，她从小就知书达理，家教极好。从名牌大学毕业后，她就进了外企工作，工作能力有目共睹。能力强、性情温婉也就罢了，她还是公认的大美女，细腰长腿，曲线完美。

按理说，不管哪个男的，能找到璐璐这么好的女朋友，都该捂着嘴偷笑了，还不得把璐璐捧在手心疼爱啊！可她那奇葩男朋友还不满足，成天拿璐璐跟别的姑娘比较，他比较之后得出的结论就是——璐璐除了漂亮，一无是处。就连璐璐那人见人爱的长相，他也会拿去跟其他姑娘比较，说她眼睛没别人的大，脸没人家瘦。

以我们的脾气，这样不知好歹的男人早该人道主义毁灭了，可璐璐陷在爱情里智商堪忧，竟然把这男的当个宝似地捧着，说什么也不肯撒手。

早上她做好了早点才把那公子哥叫起来，他吃就吃吧，还要点评说："你做的这早点，味道还行，就是样子太难看了。我上次去我们同事家喝下午茶，他媳妇做的那些点心，又好看又好吃，你可得跟人家多学学。"这也就是璐璐脾气好，要换了是我，我非得把盘子扣在他脸上不可。

璐璐工作上受了委屈，回到家向他诉苦，他不好言安慰也就罢了，还要雪上加霜地打击璐璐。他说："你啊，还是太弱了。我跟你说，我们部门经理，也是一女的，大不了你几岁，你瞧人家那风范，那气度，职场女强人五个字就差写在脸上了。"被他这么一比较，本就眼圈泛红的璐璐眼泪再也忍不住了，哭得那叫一个伤心。

这些糟心的事为了爱情璐璐都忍了，最后让璐璐痛下决心和他分手的是他竟然连璐璐的爸妈也拿去和别人的爸妈比较。

过年的时候，他俩一起去了璐璐家，璐璐的爸妈和他说起了他们的婚事，鼓励他在事业上多努力一点，早点和璐璐在大城市里安个家。私下里，他又在那里念叨开了："你爸妈也真是的，他们那意思不就是催我早点买房吗？别人家的丈母娘还会主动帮着付一部分首付，你看看你妈！"

璐璐当时就爆发了："你平时嫌弃我，把我跟别人比较来比较去，我也就算了。可我爸妈多好的人，你还在那儿跟别人的丈母娘比较？既然别人的丈母娘这么好，那你找别人去啊，你来招惹我干嘛？"

看到璐璐终于把这极品男给踹了，我们总算放心了。

再好的姑娘，也会有自己的缺点，也有自己不如人的地方，又有谁是经得起这样的挑剔和比较的？你只看得到别人的好，却忽视了她的好，样样你都想要最好的，嫦娥都满足不了你啊！

02

小希之前也谈过一个极品男朋友，他对于小希而言，简直就是一场挥之不去的噩梦。

小希穿得美美的，兴高采烈地拉着他出门逛街，在服装店试衣服的时候，小希换上了一条裙子，在他面前转了一圈，笑嘻嘻地问他，亲爱的，我穿这条裙子好看吗？

他看了看说，裙子倒是蛮好看的，就是你的腿太短了，穿着这裙子都快看不到你的脚了，你要是能长高点，就好了。听了他的话，小希的高兴劲儿一下就垮了，哪儿还有心情买裙子啊。

小希的脸上有几粒小雀斑，平时她都用遮瑕膏盖住了，不仔细看还不大看得出来。他就经常拿这几粒雀斑说事，说那些雀斑看着太煞风景了，让小希去美容医院做激光祛斑。

小希其实长得挺好看的，几粒小雀斑无伤大雅，平添了几分俏皮可爱，可被他经常这么一说，小希连走路都低着头，不大敢看人，生怕别人看见自己脸上的雀斑。

小希是独生女，从小在家被宠惯了，十指不沾阳春水。和他在一起后，小希主动承担了几乎所有家务，为他洗手作羹汤。他不仅不感恩，还嫌弃小希做的饭菜不好吃，拖的地不干净，熨的衬衣不平整。

小希已经在很努力地学习做家务了，可他总是挑剔来挑剔去的，弄得小希也开始怀疑自己，觉得自己就是太笨了，什么也做不好。

时间长了，原本活泼开朗的小希变得郁郁寡欢，自信的笑容也不见了，整个人都显得自卑怯懦。

03

后来，小希离开了这个只会挑剔自己的男人，在不久之后，又遇见了现在的男朋友。

她现在的这个男朋友长得不高也不帅，属于那种扔进人群里转眼就找不到了的类型。小希起初也没留意到他，是他自己闯进了小希的世界。

那次聚会上，小希百无聊赖地坐在角落里玩手机，一个其貌不扬的男人笑着走过来，跟她打招呼说："嗨，我觉得你挺特别的，就想过来跟你认识一下。"小希被他挑起了兴趣："哦？你觉得我哪里特别了？"他笑了笑说："别人都在那儿很高兴的玩，就你一个人坐边上玩手机，我觉得你是个有心事的姑娘。"

认识之后，他时常赞美小希，他的赞美很真诚，不是那种讨好式的阿谀奉承。他说，小希，你穿搭衣服的品味特别棒，穿得可好看了，平时没少逛街吧？他还说，小希，不跟你聊天还不知道，原来你懂的东西这么多，一定有坚持阅读吧？

小希已经很久没被人这么发自内心地夸奖过了，她有点害羞的说："没有呢，我哪儿有你说的那么好？"他走上前，握住小希的手说："有！不止！你比我想象得还要美好。"

小希在朋友圈发了一张穿着运动装的自拍照，他点了赞，评论说：“我就说你身材怎么那么好，原来是平时运动得多。南街新开了一家健身馆，离你家不远，改天一起去吧！”

他帮了小希不少忙，小希为了感谢他，请他到家里吃饭。小希担心自己厨艺不好，提前向闺蜜学了几道菜。他过来，吃了几口之后对小希说：“我得承认我看错人了。之前我看你的样子，觉得你应该不会做饭。没想到你不仅会做，还特别好吃。我很喜欢吃的，你也多吃点呀！”

小希和他去约会，在格调高雅、环境清幽的西餐厅里，柔和的灯光洒在两个人身上，轻柔的音乐声里两个人越靠越近。他深情地看着小希，说：“有没有人告诉过你，你脸上的这几粒小雀斑特别可爱，我真喜欢它们，我更喜欢你。”

就在那一刻，小希回忆起了前男友看着她脸上的雀斑时那嫌弃厌恶的神情，回过神来，再看看眼前这张深情温暖的脸，心突然变得特别柔软，眼睛也霎时湿润了。

两个人在一起之后，小希但凡有一点点好，他都要大肆地赞美小希，简直要把小希夸成天上有地上无的稀缺品种了。如果小希犯了错或者哪里没做好，他也不会恼，只会刮刮小希的鼻子，宠溺地说，不错嘛，没有太糟，我觉得还好啦。

笑容又回到了小希的脸庞，有时候，小希自己一个人坐着，看着手机也会突然笑起来。不用说我们也知道，肯定是她家那位又在跟她说暖心的话了。

小希特别珍惜这段感情，她说："没遇到他之前，我都不知道自己原来有这么好。我得谢谢他，他让我体会到了，和一个会欣赏、不挑剔自己的人谈恋爱到底有多幸福！"

04

金无足赤，人无完人。每个人都有自己的缺点和不足，内心也都存在着种种局限和遗憾。

有的人对于自身的无能感到不满，却又无力超脱，就把这种无力感投射到了恋人身上，以此来逃避自己内心的失落和遗憾。这就好比，他自己是一只麻雀，不能搏击长空，无法翱翔蓝天，就鞭打身为自己的伴侣的另一只麻雀，训斥说："你怎么飞得这么低？你就不能展翅高飞吗？"

也有的人内心深处有潜藏的自卑，担心恋人的价值高于自己，怕对方会因此嫌弃或离开自己，就有意或无意贬损对方来维护自己的自尊，从而控制对方，掌控这段感情。他们的逻辑是：你这里也不好，那里也不行，我还愿意和你在一起是多么的爱你，你还不努力改进，还不感恩回报？可事实上，最龌龊最丑陋的，就是要通过挑剔对方来维护尊严的他们自己啊！

还有的人幻想着完美，渴望着自己无法企及的一切，自然就想在伴侣身上求全责备。男人想找个上得了厅堂、下得了厨房、杀得了木马、翻得了围墙、开得起汽车、买得起洋房、斗得过小三、打得过流氓的完美女人，女人又想找个又帅又有车、有钱又有房、有责任心又有正义感的满分男神。拿这样的标准去衡量伴侣，这世上又有几人经得起他们的挑剔？

和这些人在一起，你很难享受到爱情的甜蜜，反而要时时生活在负面的否定里。在他们持续不断的挑剔里，你会变得犹疑而不自信，开始怀疑自己不够好，在潜移默化中接受对方觉得自己一无是处的暗示。这种心理打压不仅摧毁了你的爱情，甚至还影响了你的人际交往和日常生活。

这些在感情里不知道体贴对方的不容易，也不会感恩对方的付出，反而一个劲儿的挑剔对方、拿对方与别人的恋人作比较的人，你如果真的运气不好遇上了，千万别犹豫，拔脚就走。你的青春那么美好，你的感情那么珍贵，千万不能浪费在这样的人渣身上。

我们知道自己身上有种种缺点，不需要再找个人来天天拿着放大镜盯着我们的缺点看。我们追寻爱情，是想要找到那个从心底认可和接受我们的人。

他看到我们的不足，会善意地提醒我们，耐心地帮助我们提高改进。即便我们性格里存在固有的、难以改变的、不够好的部分，他也不会横加指责，恰恰相反，他会欣然接纳，给予我们包容和理解，鼓励和支持。

他接纳我们的不完美，包容我们的小脾气，鼓励我们提升自己，感谢我们为爱做出的付出和牺牲。我们哪怕有一点点好，他都不会吝啬于他的赞美，对于我们的那些不好，他则会宽容温厚的笑笑，不加苛责，一笑置之。

和他在一起，无论是生活还是爱情，亦或是你自己，都像一个等待开启的宝藏，每一步前行，每一次探索，你都能收获惊喜，发现那些未知的美好。

遇到这样会欣赏你的好、不挑剔你的不够好的人，你就勇敢地走上前，放心去爱吧！至于那个对你挑剔、拿你比较的爱人，你就别再爱了，让他滚吧！

找个能跟你
好好说话的人很重要

01

前几天跟几个朋友小聚，席间谈到男女感情，有个姑娘颇有心得的说：“女孩子啊，千万不能秒回男朋友的消息，即便看见了，也要隔一阵再回过去，免得让他以为你是时刻在等着他的消息，心里得意，就不怎么珍惜你了。”

其他几个姑娘纷纷附和，说男人就是不能宠，女孩子得端着一点，别一副眼巴巴等着他的样子。

另一个姑娘又起了话头，说，反过来，找男朋友还就得找那些会秒回你的消息的人，甭管他多忙多累，回一条消息的时间总是有的，他要是不秒回，那就是不在乎你，觉得你没其他事重要。

话音一落，又引来一阵附和之声。

她们看我摇头不语，问我，难道不是这样吗？我笑笑，秒回不秒回，我觉得没什么紧要，想要相处得宜、爱情甜蜜，还是要找个能跟你好好说话的人在一起。

她们听了一想，是啊，话说不到一起去，秒回又有什么用呢？

02

杨柳和男朋友分手了。得知消息的时候，我一点也不意外。

之前有一次，我外出就餐，在餐馆偶遇杨柳和她男友。打了招呼之后，我和朋友在离她俩不远的地方寻了桌子坐了。

谈笑间，我不经意地瞥了他们几眼。杨柳低声细语地跟男朋友说着什么，目光盈盈地看着男友。她男友低头拨弄着手机，间或点下头，却始终没有抬起头来看着杨柳。

当时和我一起吃饭的朋友也是认识杨柳的，我努了努嘴，看向他们那边，跟朋友说，你信不信，我觉得杨柳和她这男朋友长不了，过一阵估计就分了。

朋友讶然，说，不会啊，我看他们挺好的啊，杨柳成天在朋友圈秀恩爱，狗粮吃得我不要不要的，怎么会长久不了呢？

我说，你看她男友都不怎么跟她说话，一心看手机，可见她在她男友心上已经不是特别紧要了，至少没那手机吸引力大。杨柳自顾自的在那儿说，她男友只怕是左耳进右耳出，全然没有放在心上。杨柳说的她男友没好好听，她男友又不怎么跟她说话，两个人的交流出了问题，分手是迟早的事。

后来，杨柳和男友果然分手了。朋友说，你料得真准，一点儿不错，神了。我摇摇头，有什么神的，不过是一点经验和感慨罢了。恋爱要走心没错，可你不说，对方怎么知道呢？说到底，还是要你一言我一语，你知我心意，我知你想法，话语投机才能心灵投契啊！

03

我们找来找去，想找个知冷知热的知心人，在找到他之前，可能会有很多条条框框，颜值高低，有无房车，性情如何，都是考量的范围。

真正遇到了那个合适的人，再回过头来一看，多高多帅不重要，有没有钱也没什么要紧，重要的是聊得起来，处得下去。甚至对你好不好，都不是你们能否在一起的决定因素。要不然，也不会有那么多暖男被发了好人卡，而没有办法偷得佳人的芳心了。

我们生而孤寂，越长大越发现，有太多的路，需要自己一个人走，而偌大的世界，不过是个孤儿院。如此漫长的一生，即便寻到一个人同行，如果不能言语交流、心灵相依，又如何抵得过流年？

找个能和你好好说话的人在一起，实在是太重要了。

能和你好好说话，首先就表明了他对你的心意。

学业、工作、家庭的大小烦恼压迫在心头，每个人的时间都宝贵，每个人的耐心也都有限，可他就是愿意停下来，坐你对面或者身旁，温情的看着你，倾耳细听你的喜乐、你的哀愁、你的思绪。

哪怕你说得再琐碎再长久，他也不会有半点不耐烦，只是饶有趣味的温柔向你说道，哦，是吗，后来呢？

都说陪伴是最长情的告白，愿意好好听你说，可不就是细腻温柔的陪伴吗？

能和你好好说话，还说明你们三观一致、志趣相投。

酒逢知己千杯少，话不投机半句多。一个喜欢健身、阅读和思考，另一个却喜欢宅在家里看些没营养的综艺和肥皂剧，这样的两个人是很难聊到一起去的。因为他们俩品味格调和兴趣爱好完全不同，共同话题想必十分有限。

一个追求自由独立、心怀梦想的人和另一个现实拜金的人，聊起天来，也会索然无味。因为两个人三观有别，可能几句话就有分歧，随时会吵起来。

能好好说话，就是两人你来我往，你说的我听得兴致盎然，我说的你听着也觉得有趣，你能Get到我的点，我也能明白你的弦外之音，话题越聊越多，谈兴越谈越浓。不是两个三观一致、志趣相投的人，决然不能如此。

04

能和你好好说话的人，就是对你有心也与你相合的人。

和这样的人在一起，你不会觉得人生漫长难捱，自己枯坐无趣。毕竟，即便两个人无事可做，就是聊聊天，也能笑成一片。更何况，能聊得起来的两个人，乐意于一起去做的事，又怎么会少？

和这样的人在一起，你也不用担心频繁的争吵消磨了感情，使彼此生分疏远。两人好好说话，互相交流想法，有什么不愉快的，说出来就解决了，不会埋下大的误会和隐患，又怎么会担心因争吵而分开呢？

找个有钱人，找个有心人，都不如找个有话说的人。错过了之后，你才会发现，这样的人，在一生里，其实并不多。
能跟你好好说话的人，有一个是一个，遇到了就好好珍惜吧！毕竟，会体贴地为你做才是疼爱，能好好地跟你说才是幸福。

弄丢了你
才知春风十里都不如你

01

吃完最后一根烤串，我满意地吮了一下带着香味的手指，看向对面的张琦：“小苒的婚礼，你真不去？”张琦肩膀一耸，大咧咧地摊开手，“去，当然去！还要包个大红包！”

他脸上不羁的笑容在昏暗的灯光下明明灭灭，我仔细地盯着他，不放过任何一丝细微的表情。“你和她，真的过去了么？”

张琦和夏曦苒有很多过去，那些时光像树叶的脉络，成长在他俩日渐成熟的身体里。而我，作为他俩共同的好友，旁观了其间所有的辗转和悲喜。我也说不清，这于我，是幸亦或是不幸。

02

夏曦苒和我在同一个院子里长大，我们的父母都是县水利局的职工。时隔多年，我依然记得我和她的初次见面。当时的她远没有如今这么惊艳，甚至——怎么说呢——还有点，有点邋遢。

四岁的她被职工大院里的几个熊孩子抢走了心爱的小布熊。争抢之中，身体瘦弱的她被推倒在地，漂亮的公主裙上也留下了那几个熊孩子脏兮兮的脚印。

我过去拉她起来，笨拙地拍了拍她的公主裙，那些泥印子顽固的抱着她的裙子，拍也拍不掉。她低着头，不说话，就一个劲儿地掉眼泪，大颗大颗的眼泪像珍珠一样砸在地上，听得人心疼。

后来，她像盛夏的树一样疯长，抽条拔节，不再瘦弱，也不再邋遢。可她伤心难过时哭泣的样子，却始终和四岁时的那个小女孩一模一样。没有歇斯底里，没有哽咽嚎啕，只有珍珠一样的眼泪，从她那白皙明净的脸上，悄然滚落。

简直就是宿命的冤孽，初见的遭遇像伏笔一样埋藏在我和她彼此交汇的人生路途里。我都有点记不清，究竟看过她多少次默然流泪，每次都费好大劲才能哄得她那“水龙头”收了神通。

我自然不能枉受折腾，事毕每每要找张琦敲诈一番，谁让他老是惹哭夏曦苒，要我来帮他收拾烂摊子呢?

03

如果不是张琦当时拐了弯的想接近夏曦苒，我都不会认识这个闷骚又中二的家伙。

职工大院里的长辈们，闲时在院里香樟树下扯闲篇，经常说起夏曦苒这个“别人家的孩子”。学习用功，成绩优异，听话乖巧，多才多艺，画画弹钢琴都拿过大奖，每个学期开学都作为学生代表上台演讲。

而说起，她的长相，长辈们都会啧啧称奇：她爸她妈看着不咋滴啊，怎生个女娃子会这么好看？的确，夏曦苒简直把她爸妈的基因去芜存菁的完美继承，越出落越水灵。以至于，我后来每次想起幼时和她的初遇，简直就想呼自己两大耳刮子：那么葱白细嫩的小手，你怎么不多拉一会儿？你知道，长大后，多少男生惦记她这双拈花美手而不得吗？你知道，长大后，你有多少年再也拉不上女孩子的手吗？！

小学时的夏曦苒，文静可爱，也不怎么跟人说话。即便跟我，也只是见面点头，微微一笑。那时的男孩子们，满街跑，玩具和游戏对他们有着莫大的吸引力，只会嫌弃女孩子笨手笨脚，倒也让我过了几年安生的日子。

一升入初中，就像积攒了一冬天能量的种子遇到春风吹拂，夏曦苒单薄的身体绽放出了勃勃生机。她就跟开了挂似的，辉煌光环附体，在一群满脸青春痘短肥傻白甜的女生里，越看越觉得出尘脱俗，美得冒泡。从那时起，她在女生中的人缘就没好过，蚊帐被剪坏，牙刷被丢在厕所，晒的内衣“被风吹”下楼……

在男生那边，又是另一种景象了。从此，我过上了土皇帝一样的生活，前呼后拥，各种新潮的玩具就没断过，玩游戏机都不需要买游戏币。

一个个情窦初开的男孩子，换着花样地讨好我，想让我帮忙送情书，想让我透露一点儿夏曦苒的喜好，想让我在夏曦苒面前说说好话……要是我塞给他们一张夏曦苒穿长裙逛街的照片，那我简直就是全世界最可爱的人。

我享受着福利，也偶尔给男生们一点甜头和希望，但是最终，我帮她挡掉了几乎所有对她有企图的男生。

我像一个守护神一样，守护着夏曦苒，那些张牙舞爪冲上来的男生都被我轻描淡写地放倒在地，绝望的哀嚎着转移了狩猎的目标。而我唯一一次失守，唯一一个没挡住的，就是张琦。

04

张琦不像那些躁动的青春期男生那样拼命的表爱心献殷勤，我挡不住他，是因为他什么也没做，他只是守望，和我一样守望。

真正让我和他推心置腹的，是他的坦诚和睿智。第一次见面，他托人约我到学校图书室。刚见面，他就说：“陈寻，我知道你喜欢夏曦苒，我也一样。你放心，我什么都不会去做，和你一样。”

傍晚的斜阳挥洒出温存的光线，透过图书室的窗棂，把房间里的一切都镀上了一层薄薄的金光。我逆着光线看过去，他的眼神真诚澄澈，脸色坦然平静。

就在那一刻，我决定和他做好朋友。他是我的知己，他懂我，他和我一样：一样坚韧沉默的守望，一样隐忍苍凉的喜欢。

有了张琦这个助手，我帮夏曦苒拨开涌上来的、面目可憎的男生就更得心应手了。

我们守望着夏曦苒，就像守着一个惊天的秘密，一层一层地吐丝包裹，把这喜爱，裹得厚实，裹得发亮。

05

我们一路护驾，总算平安无事地把我们的公主送进了高中。这期间，我们跟校外的小混混打过架，因为他们总在放学的时候不怀好意地来堵夏曦苒。也悄悄给老师打过小报告，趁放学，把那些男生的情书塞进教导主任的抽屉。还都养成了早起的习惯，因为夏曦苒这小笨猪贪睡，总是急急忙忙去学校，而来不及买早餐。

可高二的时候，我们还是惊出了一身冷汗。夏曦苒参加了学生会书画社音乐协会好几个社团，多才多艺肤白貌美的她自然像磁铁一样吸引了很多追求者的目光。这其中，就有学生会主席，我们高大阳光笑起来暖暖的学长。“笑起来暖暖”是夏曦苒的说法，她抱着膝盖坐在院里香樟树下，嘴角含笑地讲着这个学长的点点滴滴的时候，我就像被人踩了尾巴的猫儿一样，恨不得一蹦三丈高。

我赶紧去找张琦商量。小心翼翼看护了几年的娇花，岂容他人攀折？用张琦的原话说，“哪怕他在小苒心里的形象有珠穆朗玛峰那么高大，我们也要给他摁进马里亚纳海沟里去。”

我们去搜集学长的所有坏消息，考试作弊啦，偷懒不值日啦，在家不洗碗啦，甚至捏造出他偷看女生洗澡的假新闻。我们企图用这些负面消息让夏曦苒发现她的阳光学长其实没那么好，甚至有点不堪。

可是，都没用。她就像中了邪一样的看着学长朝她走过来，目光甜得可以把人融化。要不是阳光学长自毁长城，被小苒撞见揽着另一个可爱学妹笑意融融嘘寒问暖，我和张琦差点就城门失守，功亏一篑。

经此一役，我和张琦的革命友谊得到了质的升华，攻守同盟得以巩固。我们约定，一起守护小苒到念大学，到时候海阔天空，就可以放开拳脚，各显神通，公平竞争。

06

没想到，我还是太实诚，被这小子阴了一道。

高考失利，我分数差了他俩十几分，只能眼睁睁的看着张琦和小苒填报了同一个学校。我挨着他们学校填了好几个平行志愿，谁知却被随便填的最后一个志愿录取，和他们相隔千里，山水迢迢。

踏上火车之前，我一拳砸在张琦肩上，“护花使者的重任交给你了，可不许趁我不在下手，我会考你们学校的研究生，过来和你公平竞争的。你丫的敢抢跑，我揍你丫的！”张琦把胸脯拍得震天响，“放心放心，我什么人你还不知道？我等你过来一决高下！”

大二，张琦打电话告诉我他和小苒在一起了的时候，隔着电话，我把张琦骂得祖坟冒青烟：“你个小人！伪君子！谁让你先下手的！你给我马上分！只有我才能给小苒幸福！”

张琦笑嘻嘻的照单全收，也不还嘴。等我骂累了，他收敛笑容，严肃的跟我说：“我们小苒啥模样你不清楚？学校里那些男生盯着她像狼盯羊一样。我不下手，要是被别人拐跑了怎么办？这个年纪的男生心里想什么，你还不清楚？到时候伤害了小苒怎么办？还是交给我吧，交给我放心，这么多年了，我对小苒的心，你也知道。我什么人你还不知道？我一定会对小苒好的！”

我这个暴脾气，一下子就上来了：“我他妈就是看错了你是什么人，才会让你抢了先！你要是敢欺负她，老子坐火车坐飞机也得去把你打得连你妈都不认识！”

挂了电话，我的眼泪就下来了，走了很远的路，以为快到终点了，结果好兄弟跳出来说“这路归我了，你换条道”，偏偏还不能发作，只能祝福。心里堵得跟北京二环似的。

07

没想到，我也是个说话不算数的人。说了要替小苒打抱不平，可小苒被张琦气哭那么多次，我终究还是没有扬起拳头。

张琦追到小苒后，他俩着实过了一段幸福日子。在朋友圈看到他俩秀恩爱的照片，照片的场景换来换去，九寨沟，张家界，鼓浪屿，还有很多不知名却很美的小地方，唯一没换的就是他们的笑容。那种沉浸在爱情里、打心底笑出来的笑容，甜蜜得让我没法不点赞。

他们一起逛过的淘宝街，一起吃过的路边摊，一起玩过的过山车，如果知道他们最后不在一起了，会不会很难过，难过得像我一样？

故事的转折点发生在大学毕业。我从小苒和张琦那里，都听过这段经历。他们讲述了各自感受到的生活的一部分，让我得以拼凑出爱情落幕的完整模样。

08

大学毕业之后，他俩留在了学习生活了四年的大城市。

大学的时候，年轻，自信，都以为自己是骑着骏马飞驰的将军，踏出校门，就可以攻城略地，一骑绝尘。直到求职的时候，挤在人潮汹涌的招聘会场，简历一次次地投递，一次次地被拒，才明白，自己就像蝼蚁，卑微地匍匐在社会的底层，求生都显得艰难。

历经波折，他们终于找到了工作，虽然不是什么大公司，薪水也不多，但好歹有了一点收入，能够在这个城市暂时落脚。城市再大，梦想再单薄，好在他们有家。那个不足十平米的出租屋，像一个睡袋，迎接他们疲惫的身体，给予他们整晚的休憩。

看着自己的女朋友——昔日的校园女神——和自己委身于这个破盒子一样破旧窄小的出租屋；和别人共用厨房卫生间甚至是那个肮脏的马桶；每天早上眼睛都没睁开，就要出门挤地铁上班；每天青菜萝卜的半月吃不着几回肉味；张琦心里萌生了一股强烈的羞耻感和愧疚感。说了要对她好，说了要让她过好日子，过的就是这样的日子吗？

工资在城市的巨口面前太过微薄，张琦动起了其他的心思。正好P2P火爆异常，张琦研究了好几个星期，最后选定了几个P2P平台，把自己所剩不多的积蓄都投了进去。

小苒看他下班后对着电脑一看就是好半天，也恼过他对自己疏于陪伴。张琦一心想赚了钱再给小苒一个惊喜，也不给小苒说自己在干什么，只是好言宽慰。

以前两个人下班回家，有说有笑，一起做饭，一起刷碗，抱着看笔记本上下载的电影，你喂我颗爆米花，我给你递杯可乐。虽然人穷了些，日子苦了点，但有情饮水饱，也过得其乐融融。

可现在，张琦就整晚整晚地盯着电脑研究投资，也不怎么陪小苒说话，小苒心里的苦只能在电话里向我哭诉。

我跟张琦联系过，让他多照顾下小苒的情绪。两个人在大城市打拼的确很不容易，更要互相扶持相依为命。张琦一脸的不耐烦，还怨小苒藏不住话，啥都跟我说，话语间隐隐藏着醋意和火药味。谈话也就无以为继，不了了之。

09

起初，P2P形势一片大好，张琦在其中赚了不少钱。这也让他更加坚信自己找到了改善生活、让小苒过上好日子的捷径。

后来，P2P平台资金管理不善、平台信誉欠佳等问题爆发出来，不少P2P平台都关网跑路或者申请破产了。一头扎进其中的张琦，好几笔投资都血本无归。一时间，他急红了眼，那不仅是他工作一年多辛苦攒下的积蓄，更是他对未来生活的希望啊！

小苒发现了他情绪的异常，借此知道了他之前是在做投资。虽然损失惨重，但小苒本就是个渴慕温暖不爱物质的女孩，依然温言软语的安慰他，鼓励他，劝他踏实工作，和她一起努力拼搏出一个美好的未来。

可习惯了P2P平台资金增长的高速，张琦不再愿意每日拼死拼活拿那点工资。他开始想法设法地从小苒那里骗钱。拿到了小苒从牙缝里抠出来的积蓄，他急不可耐地再次投入了P2P的洪流中，一心想着翻本。

为这事，他俩吵了无数次，我也跳出来从中斡旋好几次，两头说好话，好不容易才把他俩劝拢。

那段时间，小苒身心皆疲，整日以泪洗面。而张琦，沉浸在以P2P投资理财发财致富的美梦里，对小苒的劝阻不听不顾，甚至还以咒骂。

10

资本的泡沫崩塌得比想象中来得快，张琦的投资又一次以失败告终。他俩不得不搬到了更遥远的地段和更窄小的出租屋。

气急败坏的张琦，把这一切都归罪于社会的不公，自己时运的不济，而没有去想，是不是自己已经丢失了初心，找不回自己。

争吵，冷战，和好，更频繁地在他们的生活里上演。小苒竭力的想把生活拉回正轨，而张琦总是用自己的暴躁把小苒的努力像杯子一样，摔得粉碎。

往日的你侬我侬还在记忆里闪着温暖的光，这光芒印照在今日的满目疮痍上，真真让人怀疑，要么过去的缱绻温存只是一场美梦，要么如今的伤害龃龉只是一场噩梦。

在一个和往日并没有什么不同的下午，小苒做好了饭菜，温柔的呼唤张琦过来吃饭。张琦端起碗时，小苒的眼泪突然掉了下来，“阿琦，我们回去好不好？还回我们那个小县城，你可以去考公务员，我可以去学校当老师，我们守着彼此过一辈子，就像我爸我妈那样，平凡而安稳地过一生，好不好？”

张琦放下饭碗，看着小苒，看着这个跟自己吃了不少苦受了不少罪，却始终不离不弃的小苒。终日的奔波劳累，让她的皮肤不再细腻光滑，而是像中年妇女一样，染上了家长里短锅边灶台的烟火气息。她的眼睛，不再像夜空的星辰那样闪亮得动人心魄，此刻，它们像两汪水潭，氤氲着终年不散的雾气。

张琦的思绪从眼前的这张脸蔓延，跨过了丢失的这几年，回到了大学时候。刚追到小苒的自己，像个得胜的将军，意气风发。可不是么，那么多人虎视眈眈都没有得逞，唯独自己偷走芳心，佳人在怀。

接着，他仿佛看到了回乡的场景，昔日的同学留在家乡，地方小房价低，已是有车有房，在本地也有着阡陌纵横的人脉关系，而自己，这个抱走了校花的人，落魄归来，一无所有。他们会嘲笑自己的吧，会奚落会鄙夷自己的吧？

一念及此，他在心里默默做了决定。他轻轻地拿起饭碗，跟小苒说：吃饭。小苒近乎乞求地抓着他的手问："阿琦，好不好？"他的声音很低，带着坚定和冷酷的力量："东西都收好了么？明天我送你去火车站。"

小苒眼里的光芒黯淡下来，就像跳动的火焰被一盆冷水无情熄灭，再也没有了温暖和照亮自己的力量。

11

张琦又灌了一大口酒，吐着酒气："不过去又能怎样？我和她回不去了！我把她弄丢了！"

他像个溺水的人一样，用力地抓着我的肩膀，浓重的酒气熏得我没来得及看清他是不是哭了："她回去以后，你为什么不去找她？你也在家乡啊！她嫁给你，至少我还能放心，因为你是真的爱她，会对她好！可现在，万一她丈夫对她不好，怎么办？他会不会骂她？会不会打她？你个混蛋！”

我打掉他抓着我的手，拎着他的领子，把他的脸揪到我面前。我几乎是朝他吼：“你他妈以为我没去找过吗？你以为小苒爱了你那么多年，说不爱就不爱了么？小苒被你伤透了啊！她不要我啊！她说我们仨一起从青春走过来，看见我就会想起你这个王八蛋啊！”

张琦像被抽了筋一样，瘫坐在椅子上，整个人都没了声气。隔了许久，一阵低沉的呜咽从他的喉头传出来，听起来，像野兽的哀嚎。他的面容，透着我从未见过的悲伤；他的声音，哽咽中断断续续的，听不真切：“那个夏天，她问我好不好，我没有回答她。我错了，我后悔了，我应该说好的啊！我怎么……就张不开嘴呢？说个好字有这么难吗？难得过我一辈子的遗恨吗？呜呜呜……”

没来由的，我的眼睛也看不清了。我拉过张琦，两个大男人，互相倚着，哭得像个孩子一样。

年少的我们，心高气盛，不肯向现实低头，背负着臆想中梦想的荣耀，把脸面看得如此重要，甚至重于爱情。

多年后，才明白，脸面和荣耀，不过是男人欲盖弥彰的脆弱自尊，又哪里比得上你穿着围裙从厨房里走出来喊的那句“开饭啦！”？

快让开
你自作多情的样子太丑了

01

小茹找我倾诉的时候，我整个人是大写的懵逼。

不是她不能或不该向我倾诉，而是，她说的话，理直气壮，我简直无法反驳啊！

小茹倾慕男神已久，苦无机会接触。终于让她在一次聚会上加到了男神的微信，这让她欣喜若狂。正当她还在犹豫要不要主动勾搭男神时，让她灵魂出窍的事情发生了：男神竟然点赞并评论了她新发的朋友圈！

小茹受宠若惊，揉了揉眼睛，生怕自己看错了。没错，朋友圈消息的下方，男神的名字醒目的躺在一颗心旁，如此岁月静好的模样，让小茹不禁心旌摇曳。

再往后，小茹又发了几条朋友圈，有自拍，有晒美食的，有心灵鸡汤。她抱着手机激动地等待着，而男神也没有让她失望，没过一会就来点赞评论，没有漏过任何一条。

小茹的心都要跳出来了：男神他果然是喜欢我的！臆测了男神的心意后，小茹大胆出击，邀约男神一起出去吃饭逛街，却不料男神婉拒了她。

嗯，他一定是真的有事，我下次再约他吧！小茹心里这样安慰着自己，隔了一阵，再次邀约男神出去游玩，却再次被男神婉拒。

小茹这时才似有所觉地查看了一下和男神的聊天记录，发现男神几乎没有主动挑起话题，都是小茹问一句，男神答一句，间或“嗯”“哦”“哈哈”。

小茹纳闷地问我，他是不是太害羞了，不好意思表达对我的喜欢，也不好意思和我出去玩，就只敢默默的在朋友圈点赞评论？

我比她更纳闷：“你从哪里看出来他喜欢你了？他完全就是对你没兴趣啊！”

小茹摇了摇头，不会的！他就算不是很喜欢我，至少也是对我有好感的。要不然，他不会去点赞评论我的每条朋友圈的！

我没好气地说，我公众号收到的每条读者留言我都会回复，那照你的逻辑，我的那些粉丝，不论男女，我都是喜欢他们的咯，还是爱慕之情那种喜欢？

小茹神色黯淡下来，好吧，我懂了，谢谢你。可她的表情完全没有谢我的意思，反倒充满了委屈，好像下一秒就要哭出来了。我也找不到安慰她的话，抱了抱她肩膀，就先走了。

过马路的时候，我回头看了一眼，透过咖啡厅的落地窗，小茹抱着杯子，呆呆地坐着，咖啡的热气升腾，我也看不清，她是否有眼泪掉到了杯子里。

我心中微微一疼，傻丫头啊，陷入痴恋的你，头脑里运作着整个梦工厂，无穷的想象力让你把对方的每一个无心之举都赋予了天大的含义。

他冲你一笑，你觉得他喜欢你；他点赞你，你觉得他认同你；他评论你，你觉得他想多了解你。可事实上，这都只是你的自作多情而已啊！

02

小君是个敏感细腻的女孩，柔弱纤细，惹人怜爱。可让人心痛的是，这样的女孩，却总是在爱情里几经辗转，受尽伤害。

她喜欢上了公司新来的同事，那是一个高大帅气、阳光温柔的小帅哥。她向我细数他对她的体贴照顾和温情关心，也说着他是如何的努力上进，进公司不久，就获得了上司的认可和重视。

她在说着和他有关的事情时，眼睛里仿若有光，看得到星芒闪烁，那是爱情的光芒。

我正沉浸在她叙述的甜蜜语境里，孰料她话锋一转，就梨花带雨的控诉起第三者的插足来。原来，前一阵子，小帅哥竟然被公司里的另一个姑娘勾搭上了。

他们虽然在公司不敢明目张胆，但小君多次目睹他们出双入对的出现在图书馆、游乐场和星巴克。他俩挽着手，甜蜜幸福的笑容，深深的刺痛了小君。

小君愤怒的说，那个婊子，真不要脸！他明明是喜欢我的，她偏要上去勾引，竟然抢走了我的小帅哥！

我理了理思绪，问小君，从你说的情况来看，小帅哥和你的女同事似乎是真心相爱啊！要不，你跟我说说，之前小帅哥是怎么对你好的？

小君陷入了回忆里，嘴角又有了笑容，他真的很细心，很体贴呢！公司聚餐的时候，他给我拉开椅子；下雨天，我忘记带伞时，他又把伞借给我，自己冒雨回家；我赶公交饿着肚子去上班时，他给我买好了早餐。

哎，那这么来看的话，那小帅哥似乎真的对小君有意思啊！我想了想，又问，他是只对你好吗？小君一想，有点羞赧的说，这倒没有，聚餐时，每位女同事的椅子他都帮忙拉开了，他也经常会给全部门的同事带早点，不光给我一个人。

不过，他对我是跟别人不同的，他帮别人时没有笑，那只能算是礼貌，但他每次看到我，都笑得可温暖了，他一定也是喜欢我的！小君又赶紧补充道。

到了这会儿，我哪里还有什么不明白的！原来，这一切，都只是小君的一厢情愿而已。小帅哥不过是新来公司，想要打点好关系，给同事上司都留个好印象，所以，对每个人都很好。

可怜小君，一喜欢上人家，智商蹭蹭蹭地掉到了底，别人的一点礼貌和客套，都被她当成了对她的宠爱。

等到小帅哥终于寻得良伴，携伴同游时，小君又大受刺激，以为自己的小帅哥被别人捷足先登了，以为小帅哥的女友是横刀夺爱的小三，在那儿大为光火，愤恨不平。

其实，从头到尾，这都只是她自己一个人的独角戏而已。

03

我们谁都没有想到，我们的高中同学李益纠缠班花思思前后七八年，这情缘的起因竟不过是一场误会。

李益从高一入学起就喜欢上了笑容明朗的思思，思思的一颦一笑都在他眼里显影，定格，成为最美的图画。他多少次想走上前，伸出手，捧住这秀美的图画，可是，他不敢，他只能日复一日地远望，在心里臆想和思思的生生世世。

如果故事波澜不惊的发展，那这不过是一个平淡无奇的青涩暗恋罢了，最终也会掩于岁月，止于唇齿，成为一段忧伤又热烈的记忆。

可，千不该万不该，这都怪高三毕业前班主任突发奇想，买了一条横幅，让同学们签字留念。同学们纷纷用颜色各异的笔在横幅上写下话语，签上名字。

李益走上台签名时，视线扫到横幅边上一个小角落就再也挪不开了。他认出了那是思思的笔迹，思思留的是“L.Y，青春不悔爱过你，此生但愿嫁给你。”

李益心念电转，班上还有其他人的名字缩写是L.Y吗？没有！别说班上没有，隔壁班、隔壁班的隔壁班都没有！李益瞬间沸腾了，原来思思是爱我的！她想要嫁给我！

高考后，李益就主动和思思聊上了，报大学也跟了思思过去。到了大学，他完全以思思男友的身份自居，对思思的正常交际横加干涉。

异地求学，他是高中同学，又未曾挑明心意，思思原本以为他的照拂不过是同学情谊，直到后来，他愈加僭越，想牵手想拥抱，思思才惊觉不对。

思思多次明确的拒绝过他，可李益完全沉浸在爱河里，以为“女人说不要，那就是要”，更加蛮横地参与到思思的生活里。思思顾念同学同乡情面，不愿和他撕破脸，结果受了他四年纠缠之苦，大学期间也没能正经谈个恋爱。

时至最后，临近毕业，在李益又一次骚扰时，思思终于忍无可忍，问他，你到底喜欢我什么，我改还不行吗？我真是怕了你了，求求你，你走吧，从我的生活里消失吧！

李益愕然，说，不是你从高中就爱我，想要嫁给我吗？我也想娶你啊！两人一说开了，思思哭笑不得的说，我当时追星，我写的L.Y是陆毅，不是你啊！

李益愣了半天，急道，思思，没事的，就算你当年喜欢的是陆毅，我也喜欢你啊！我喜欢了你这么多年，你就让我照顾你，好不好？

思思丢下一句“不好！一点也不好！”，转身就走，回去后下定决心，终于把李益拉黑了。

04

也许，真的是有爱神丘比特的。这个小天使扑闪翅膀，背着弓箭，从人群上空飞过，随心所欲的就射出几箭。

我们中箭，身体分泌出荷尔蒙或多巴胺，眼前的这个人霎时就光彩万丈地走进我们心里，长住不走。

我们希望自己也被对方喜欢着，一低头，一对眼，能够装作不经意的说一句，嗨，原来，你也在这里！

可，事实往往并不如人所愿，我们爱的人，很可能就是不爱我们，Ta们甚至可能都没注意到我们，就那样目不斜视的从我们身前走过。

在这旷日持久的单恋里，我们幻想，我们假装，对方的一点善意，我们都能看成是爱意的表达。

自作多情其实不能怪我们啊，那只是我们爱得太深也太苦，一点雨露就当甘霖，一点阳光就以为春天来到，百花盛开。

可对方喜不喜欢我们，我们真的一点也看不出来吗？还是Ta也喜欢我这个梦编织得太甜蜜，我们沉溺其中，根本不愿醒来？

Ta的微笑，是礼貌，是客套，是喧嚣，是热闹，唯独不是想和我们相伴到老。

就算我们在臆想里和Ta结婚、生子、争吵、衰老，Ta在现实里也不会牵起我们的手。

算了吧！醒醒吧！

别再自作多情，别再强撑假装！

往前走去，走过春花秋叶，走过夏雨冬雪，走过那个不爱我们的人，走向未来，走向幸福，走向那个在前方等着我们的真爱。

我会去爱这世上
另外的九千九百九十九个你

01

我来看你了，小梦。

北京这几天都在下雨，淅淅沥沥的，你很讨厌这样的鬼天气，对吧？你看，你身上都淋湿了，你也不躲一躲。哦，对了，你躲不了。别怕，我带伞了，我来遮着你。

张小胖和二毛昨天结婚了，我去了，婚礼很热闹，他们很幸福。张小胖你记得吧，就小学坐我俩后面那个小胖妞，她现在瘦下来了，变美了，当然，没你美。二毛是当时班上最调皮那个家伙，很好认，有两小撮头发被他自己染黄了，我们就叫他二毛。

上小学那会儿，他上课无聊，经常会揪张小胖的头发玩，张小胖下了课就满教室的追着他打。现在好了，他俩结婚了，二毛倒是不会再揪张小胖的头发了，只是以后张小胖肯定会经常对二毛说，起来，你压我头发了。哈哈。

你去北京上大学的时候，我眼泪汪汪地跟在你身后，送你去火车站。你白了我一眼，说瞧你那点出息，我只是去上大学，我们假期还能经常见面的，又不是我不在了，你哭什么。我当时应该捂住你的嘴，呸呸呸几声的，有些不吉利的话，不能随便说。

你还是那么强势，和你在一起，好像你才是个男人，强悍，勇敢，而我就被你保护在身后，你见不得我受一点委屈。

小时候，班上的同学欺负我，他们撕坏我的作业本，弄湿我的课本，往我的书包里放泥巴。每次都是你站出来，用你稚嫩的声音警告他们：你们再敢欺负他，我就去告诉老师。他们不敢再闹，就嘴上笑话我，说我不怕羞，还要小媳妇来保护。你叉着腰说，我就保护他，怎么了？我长大以后就要嫁给他，怎么了？他可不像你们这样一点不学好。

我看着站在我身前威风凛凛的你，心里满是感激，还有惧怕——不光他们怕你，我也有点怕你。我小声嘀咕了一句，我才不娶你这个凶丫头呢！

老天，我错了，那句话是我说着玩的，我娶的，我想娶她的，你给我个机会。

02

小梦，你做什么事情都比我快，也比我做得更好。

在同一个产房的时候，你要抢先一步，早我半个小时出生。我们两家住在同一个大院里，你比我更早记住从幼儿园回家的路。

背唐诗，你比我背得快；写作业，你也比我写得更快更好。小学一年级的第一篇作文，我连拼音都还没学全，你就能熟练地在作文里用成语了。我到现在都还记得你那篇作文，因为它让我记住了“秋雨潇潇”这个成语，这是我这辈子学会的第一个成语。

今天也是秋雨潇潇，我其实不讨厌下雨，每次下雨我就会想起“秋雨潇潇”这个成语，然后，想起你。

记忆里的你，有很多样子。在电话里告诉我当天的作业的你，有耐心的样子；抢我的零食吃的你，有调皮的样子；发现我在你弹钢琴时睡着的你，有圆睁着水灵灵的大眼睛，气鼓鼓的样子。

那年下大雪，我们俩一起去拿成绩通知单，路上结满了冰，我一次次跌倒，每次都是你把我从冰上扶起来，我还恶作剧地去捡起雪块和你打雪仗，却总是打不中你。

你在路边堆了一个雪人，堆得可好看了，我让你再堆一个。我心里想的是，一个是你，一个是我，相伴相依，永不分离。我不该对着雪人许下这样的心愿的。我竟然忘了，雪人要不了多久就会化了，而我们俩是应该要互相陪伴很久很久的。

后来，我在书里读到了李白的《长干行》，我看不懂，就去问你“郎骑竹马来，绕床弄青梅。同居长干里，两小无嫌猜。”是什么意思。你说是青梅竹马、两小无猜的意思。你看，你懂得就是比我多，而且你还是那么喜欢用成语。

我还是不懂，问你青梅竹马、两小无猜是什么意思。你想了想，说，就是像咱俩这样，我们就是青梅竹马和两小无猜。我说，我是青梅竹马，你是两小无猜吗？你听了大笑，露出了很多颗牙齿，你的牙齿那么白，差点晃花了我的眼。

03

小梦，和你说了这半天话，你也没有回我一句。你还是那样，不爱说话，只喜欢读书写字。

我们俩小学是同桌，中学是同班，我在小学时就已经落后了你六年，上中学的时候，我努力追赶，想要能够自信的站在你身旁，而不是你身后，可我总也赶不上你。

心里满满的都是你，书我怎么也看不进去。我看一会儿书，就要抬起头，看一看你。金黄的阳光透过玻璃照进来，落在你身上，你的侧脸在光晕里沉静而美丽，像一道我需要花一生去猜解的谜题。

你有时候回过头，会不小心撞见我的眼神。你先朝我笑一笑，然后会瞪我一眼，比比小拳头，我知道你是在威胁我，叫我好好学习，要不然你就给我好看。

上了中学，可能是长大了一点，怕羞了，你就不怎么在班里跟我说话了。我最初有点失落，可后来收到了你夹在资料书里给我的信，我又高兴起来。

你在信里会说说当天的事，看到一个笑话，你觉得很好笑，也会写进去分享给我。你的每封信我都看了好几遍，然后再给你回信，告诉你我打篮球摔了，磕破膝盖了，跟你说校门外小巷子里那家麻辣烫特别好吃，等周末放假了，我们去吃吧。

那个时候的我们没有手机，不能发短信，就这样通过书信联系。几年下来，你写给我的信装满了几个抽屉。我把抽屉都挂上了锁，生怕父母发现。和信一起被锁起来的，还有我年少时对你那朦胧又纯真的情意。

04

小梦，你说冥冥之中是不是有一双无形的大手在拨弄我俩的命运？他翻手为云，覆手为雨，轻率地交换了我们俩的人生轨迹。

高三的时候，你问我想读什么专业，我说，我想学医，你呢？你告诉我，你想学经济。我们在信里彼此鼓励，你的一句“加油”有着炽热的温度，它烧穿了信纸，落进了我心里，把我的内心熨烫得火热，喷薄出无穷的动力。

那段时间，我的生活里只剩下了三件事，看书，做题，写信给你。其实还有一件，那就是偷偷地想你。我们一起出生，一起上学，一起玩耍，一起长大，十几年的人生轨迹都交缠在一起，你中有我，我中有你。我不知道我是什么时候喜欢上了你，我只知道，我不能没有你。如果余生也能如现在这般身边有你，我恨不得余生早点开始。

考结束后，命运给我俩开的第一个玩笑展露端倪。我发挥失常，分数不够，只能填报了经济学院，而你最后去了医学院。你走上了我想走的路，而我也选择了你期盼的那一条。这个玩笑一点也不好笑，可是，我们只能笑着对彼此说，替我努力哦！

你比了一个胜利的手势，一脸臭屁地对我说，放心吧，攻克癌症的重任就交给我啦！我无奈地苦笑，说，既然这样的话，经邦济世的事情就让我来做吧！

开学才一个多月，你突然打电话给我，说要跟我分手。听到这个消息，我心里竟然升起一丝窃喜。我们这么多年的陪伴，始终没有一个名分，我没有向你表白过，我甚至没有牵过你的手，我一直想等过两年，我再成熟一些，更优秀一点，我再去好好追求你。你此刻说要分手，那就意味着，你心里早就认可了我们的关系，觉得我俩已经在一起，以男女朋友而不是发小的身份在一起。

转瞬间，我又很难过。我刚刚得知我早已拥有了你，而你却要转身离去。我问你为什么，是不是我做错了什么，你冷淡地说异地四年太辛苦，你不愿意等我，况且，你本来就没有多喜欢我。

我想解释，我想挽回，我还有一肚子的话想对你说，有表达爱意的情话，也有逗你开心的俏皮话，还有“吃了没”“在干嘛”这样一说再说的废话。可是，你却决绝地挂断了电话。再打过去，发现我已经被你拉黑了。我去QQ和人人上找你，果然，无论是QQ还是人人，我都被你拉黑了。

从小到大，我们俩之间做决定的那个人永远是你，去哪儿吃饭、去哪儿玩、去哪儿上大学，都是你说了算。一直以来，我都听你的，就算你说的是分手，我也听你的。

我还深爱着你，只是你分手的态度太过坚决，甚至不惜拉黑了我，我懦弱，我胆怯，我不敢向你再争取一次我们的爱情，我只能流着泪接受这个结果。

05

小梦，你和我分手之后，我还是很想你，我也怨恨你。

我怨恨你的绝情，怨恨你的自私，你没有征得我的同意，就单方面结束了我们的感情。你可以不相信异地恋，但是，你应该相信我啊！我们俩光着屁股一起长大的，我是什么样的人，别人不清楚，你还能不知道吗？我会一直爱你，始终对你好的啊！

在对你的怨恨里，我强迫自己去忘记。就在我以为自己已经渐渐淡忘了你的时候，我收到了你去世的消息。那一刻，天塌地陷，晴天霹雳。我不敢相信，那么健康、那么青春的你会得食道癌，会因此病逝！

我突然明白了，你为什么要刚承认我们早已在一起就和我分手。

你承认我们之前就在一起了，是想确定无疑地告诉我，过去我们之间发生的种种，共同拥有的那些美好时光，它们就是爱呀！

你让所有人帮你瞒着我，不让我知道你得病的事，还决绝地和我分手，就是不想让我承担太多的痛苦，希望在我的记忆里，你的离开是因为你不再爱我了，而不是因为你被死神带走了。

小梦啊，你又何必这样呢？你都已经重病卧床了，还在担心我知道你的情况会很难过，要和我分手。可你知不知道，我是多想和你一起分担痛苦，陪着你治病啊？就算，就算，就算最后没能救回你，可至少我也能陪你度过最难捱的、生命最后的那段时光啊！

像现在这样，我连你的最后一面都没有见到，得到消息的时候，你已经躺在了这里，我朝你伸手，摸到的只有冰冷的、没有温度的墓碑，这又算什么？

想学医的人是我，想读经济的人是你，可最后却是你替我去学医，我换你去读了经济。体弱多病的人是我，医院都没进过几次的人是你，可最后却是你躺在了这里，而我现在站在你面前，纵然无病无痛，心里也充斥着无尽的悲凉。这难道是命运给我俩开的第二个玩笑吗？

06

小梦，我还是很想你，可，这是我最后一次来看你了。

你去往那个没有纷争没有病痛也没有我的世界，已经八年了。这些年，我始终不愿意相信你已经不在了，我欺骗自己说，你只是暂时离开了，想我了你就会回来的。

我睡在一个梦里，这个梦里有你，你依然朝我笑，拧我的耳朵，给我丢白眼。这真是好长好长的一个梦。可，我终究还是得醒过来，去过自己的生活了。

我想，如果你还活着，或者你在另一个世界看得见我，你也不会希望我一直哀伤消沉下去的，对吧？我猜，你肯定会对我说，该干嘛干嘛去，想找谁就找谁，我才不要你一天到晚的惦记着呢！

好吧，我听你的话，和以前一样，和你活着时，一样。

有人说，我们会爱上的不是某一个人，而是某一类人。全世界几十亿人里，我们会爱上的这类人有成千上万个，先遇见了谁，那就爱上谁了。如果是这样的话，这个世界上，一定还有其他个你吧。她们像你一样聪慧，像你一样有主见，也像你一样会默默地陪着我、爱着我，而我可能也会像爱上你这样爱上她们。

你不用担心我，虽然你已经不在了，但我不会孤单的。如果这世上有一万个你，那我以后会去寻找、去爱另外的那九千九百九十九个你。

我会忘了你，只是，我以后爱的每一个人，都很像你。

追过梦的人都说
梦想会发光

01

昨天，老白从北京回来了，我订了桌饭菜，给他接风洗尘。

他风尘仆仆地走进来，一脸倦色，三十几个小时的硬座一路坐回来，虽然睡了一晚，但看他的样子还是没能缓过劲儿来。

老白是我高中时最好的朋友，高中那会儿我们就像两个连体婴儿一样，一起晨跑，一起吃饭，一起刷题。大学毕业后，我回了家乡小城，他去了北京，当了北漂。

工作这几年，我忙于工作，再加上路途遥远，一直没能去北京看看他。我本想等年后就抽空过去，不曾想还未成行，他就先撤退回来了。

我问他，以后有什么打算，还回北京吗？他摇了摇头说，不回了，就留在家乡吧，过段时间我去省城找份工作，以后就在那儿安家了。我点了点头，也好，留在这儿，和兄弟我也有个伴儿，约你喝酒也方便些。

老白是怀揣着梦想去的北京，他大学专业学的是策划，他一直想做个大新闻，策划一个明星发布会那样的大型活动。为了梦想，他在北京住过地下室，打过零工，当过别的策划师的助理，足足花了两年，才终于得到了独立策划活动的机会。

酒喝到一半时，他面色酡红，眼神迷离，话也多了起来。他说起他在北京时颇为得意的几份策划案，挥斥方遒的样子让我觉得他并没有变，还是曾经那个意气风发的少年。

说到后来，他的情绪萎靡了下去，变得闷闷不乐，他低声的说："我多想留在北京啊！可是，我试过了，不行，太难了，我做不到。"话音里竟夹杂了一丝哭腔。

我拍拍他的肩，鼓励他说："至少你尝试过了，努力过了，不是吗？失败不丢人，连追梦都不敢才丢人。"

后来，老白在省城找到了新工作，还是做策划。有在北京的大公司工作的经历背书，老白在新公司很受重视。在大公司快节奏、高标准的环境下打磨了几年，老白的能力和眼界比起新公司的同事们高出不少，他很快就在公司崭露头角。

在公司站稳脚跟之后，他约我出来喝酒庆祝。他不无感慨地说：“刚从北京回来那一阵，我其实挺挫败的，觉得自己没用，追梦失败了。可现在来看，只要努力了，就没有失败。哪怕真的失败了，失败的经验教训也是财富和收获。”

02

前几天，读者小亚给我发了一张照片，照片里的研究生录取通知书上，她的名字写得端端正正。

小亚之前听从父母的安排，进了体制内，成了一名幼儿园老师。父母的理由是，幼儿园老师的工作比较轻松，时间充裕，工作稳定，待遇也好，是婚恋市场上的大热门，找对象不用发愁。

小亚一想到未来的人生就是成天带小孩子，然后和一个不太讨厌的人结婚，生个孩子，继续带小孩，在这个小地方终老一生，她就一刻也不想再在这儿待下去。

她从小就想当科学家，心里一直有个学术梦。长大了之后，这个梦想要是当众说出来，准保被嘲笑，但这确定无疑的就是她心心念念的梦想。

一边是安稳的现实，一边是不可知的未来，小亚彷徨犹豫，不知该如何选择。她问我的时候，我没有给出她明确的建议，我只是提醒她要去倾听自己内心真正的声音，那个会在午夜梦回时回响在耳畔的声音。

她花了两周时间，反复拷问自己的内心，最后，她发现，相比于当一名幼儿园教师，她更想成为一名大学里的女教授，学术界的女学者。她毅然决然地辞了职，放弃了众人艳羡的、体制内的编制，全力备考。

阻力当然很大，父母亲朋都不理解，纷纷劝阻，同事领导也多次从旁劝说。小亚铁了心要考名校的研究生，婉言谢绝了他们的好言相劝。她报了考研辅导班，认真听课，用心做笔记。平时有点时间，她也绝不闲着，一定会看会儿书，做几道题。

她斩断了自己的所有退路，破釜沉舟自然只能全力以赴。天道酬勤，她的努力没有白费，最终她顺利地通过考试，拿到了梦寐以求的硕士研究生的录取通知书。

我在向她恭喜道贺之后，又发了一条消息。我说："上天不会辜负任何一个努力追梦的人。你看，只要你肯努力，你就能拥有你想要的一切，你也值得拥有最好的一切。"

03

我们身边一定都有像老白和小亚这样的人，他们看起来很平凡，在人群里并不如何耀眼，可他们的梦想和他们为追梦所付出的努力让他们跟别人不再一样了。他们超脱了庸常的生活，走向了梦想的彼岸，追寻着诗和远方的田野，绽放着自己特有的光芒。

可也有另外一些人，他们被残酷冰冷的现实轻易地摧毁了梦想的幼苗，屈服于生活的捶打，变成了自己曾经厌弃的那一类人。

阿文在大学那会儿和我并称为“化院双子星”，是一个文采特别出众的文学青年。我平常喜欢写诗，而他则擅长写杂文，针砭时弊，言语犀利。

他的偶像是鲁迅先生，他希望他的文章能像鲁迅先生那样——除了匕首、投枪，也还有发聋振聩的木铎，有悠然发人深思的静夜钟声。他平素最看不惯那些八面玲珑、左右逢源的人，他说那些人见人说人话，见鬼说鬼话，极其虚伪，内心腐臭至极。

毕业时，我们把酒言欢，相约一起坚持文学梦想，努力写出更好的文字，在文字的江湖里闯出名堂来。后来，工作之余，我一直笔耕不辍，最初时仿佛身处陋巷，无人问津，渐渐地就有了越来越多的读者，还收到了七八家图书公司的书约。

每当我在写作上取得了一点小的成绩，我都会兴奋地和他分享。可他好像很不喜欢听我说这些写作上的事情，回复越来越冷淡，我们也就慢慢地断了联系。

再见到他，是在同学聚会的时候了。他游走于饭桌之间，向同学们敬酒，应酬的姿势娴熟无比，一看就是酒桌上阿谀奉承惯了的人，吹捧起别人来毫不脸红。

我不禁愕然，这是他吗？这还是那个常常鞭挞那些工于心计、长袖善舞的纯真青年吗？他以前不是最讨厌这一类人吗？怎么自己还变成了这个丑样子？

我向和他在同一单位的同学一打听，才知道他早就不写文章了，他发现单位领导喜欢被吹捧之后，就改行捧领导的臭脚去了。当时这个同学还问过他，问他怎么不写文章了，他不屑地撇撇嘴说，写文章有什么用，能帮我升职加薪吗？可笑我的文学梦想，在现实面前，狗屁都不是！

听了这话，我为他感到悲哀。他都不肯为了梦想再多坚持一下，还要埋怨梦想对于现实并无助益。他先放弃了自己，梦想当然在现实面前输得一败涂地。

04

周星驰在电影《少林足球》里说过一句很经典的台词：做人如果没梦想，跟咸鱼有什么分别？

早些时候，我们也曾是翩翩少年郎，那时我们有梦，关于文学，关于爱情，关于穿越世界的旅行。我们怀揣理想，向着这个广袤的世界进发，我们没有别的行李，所仰仗的不过是一腔赤诚、一身孤勇。

那些梦想并不容易实现，它们中的许多看起来是那么的遥远，遥远得让人想放弃。可是，很多事情，并不是有了希望我们才去做，而是要我们努力去做了才能看到希望，梦想尤其是这样。

命运不会辜负你的努力，岁月也未曾亏待过梦想。追寻梦想的路上，你每走一步都是前进，失败了、跌倒了又怎样，你至少像老白一样收获了成长，坚持下去会怎样，你也许能像小亚那样迎来了天亮。

梦想不是负重前行时难以承受的重量，它是为我们照亮漫漫长路的光。如果人生里有浓重的夜色拦住了你的眺望，心怀梦想会让你依然能够找到前行的方向。

当有一天，我们青春不再，垂垂老矣，落叶飘下来，挂在我们身上，我们回首往事时，该如何证明我们这一生？以沉默以悔恨，还是以微笑以自豪？

如果真有那么一天，我希望那时的你可以对自己说，我来过，我活过，我努力过，我精彩过，我无悔于人生这样度过。

你咬牙吃的所有苦
铺成了你未来的路

01

大一那会儿，我和几个朋友很喜欢去校门口旁边的一家小吃店吃凉粉。那家其实算不上是小吃店，就一辆人力三轮车上搁着凉粉和佐料蘸水，车往路边一停，再把两张折叠桌和几条塑料凳子摆出来，就开始售卖凉粉。这样一个路边摊是寒碜了一点，但他那凉粉是真的很好吃，再加上价格实惠，分量也足，所以，我们隔天就往那儿跑。

摊主是个年轻小伙子，也就二十岁的样子，长得很憨厚，你去了他老远就跟你打招呼，朝你笑的时候露出一口白牙，和他被晒得黝黑的脸庞形成了鲜明的对比，有一种反差萌。

我们经常去光顾，一来二去就和他混熟了，生意不忙的时候，他就坐下来和我们有一搭没一搭的聊天。

他来自贵州，高中还没读完就辍学了，来到城市里打拼，端过盘子洗过碗，扛过水泥搬过砖，打过地铺睡过天桥，吃了不少苦。过了几年，长了不少见识，也攒下了一点钱，他就自己出来做点小生意。

最开始，他选择卖服装，去批发市场进货，到了晚上，就来大学城附近摆地摊。那个时候，他还不懂行，进货不会讲价，选的款式不讨姑娘们喜欢，摆摊的位置也不讲究，衣服很难卖出去，赔了不少钱。

后来，他留心观察卖得好的摊主的经营方式，才慢慢学会了压价，开始研究女生们的喜好和品味，也知道了地摊摆在哪里人流量才大、转化率才高。渐渐的，生意有了起色，他也或多或少能赚点钱了。

卖了一年的衣服，有了不少老顾客，他总算在大学城外站稳了脚跟。这个时候，他想要转行，因为卖衣服容易堆货积压，资金流通慢，受时尚风向的影响很大。想来想去，他决定转行做相对短平快的饮食生意。考察了大半个月，他认定了卖凉粉是他接下来要走的路。我们那儿天气热，大热天的吃一碗凉粉，别提多畅快了。喜欢吃凉粉的人很多，只要味道做好了，他不愁没顾客。

半路出家来做饮食生意，没有好的手艺或者独家配方怎么行？他不惜重金，拜师学艺，学做凉粉。凉粉筋骨好只是基础，好的蘸水佐料才是凉粉好吃的秘诀。为此，他几乎跑遍了全城所有口碑好的凉粉摊点，每次去吃都细心留意、仔细品尝，用心琢磨别人的蘸水佐料里都放了些什么配料。

如此这般偷师百家，再加上自己的不断尝试，最后，他终于调制出了有独特风味的好佐料。我吃得不亦乐乎，含混不清地说：“嗯，难怪这么好吃，原来是集百家之大成。看不出你人挺老实，心里的小算盘却打得这么精！”他嘿嘿一笑，又给我抓了一撮凉粉到碗里。

02

了解了他的经历后，我被他的奋斗精神所打动，主动向身边的同学朋友安利他的凉粉，帮他招揽顾客。他人也实在，每次我带朋友过去吃，都给更多的份量，管饱。

有一天下午，我去他那儿吃凉粉，吃着吃着就变天了。之前还艳阳高照，马上就乌云密布，下起了瓢泼大雨。很不巧，我忘了带伞，被困在那里。他的摊点在一个坡脚下，雨水很快从坡上淌下来，在我们脚下汇成了一条湍急的小溪。我不得不踮起脚尖，以免鞋子被弄湿。他把没人坐的桌椅都收了起来放到伞下，安静地坐着，看着外面哗啦哗啦的大雨。

我看了看天色，这雨估计要下到傍晚才会停。我说：“突然下这么大雨，把人都赶回去了，你剩下的凉粉卖不完了，怎么办？”

他无奈的笑了笑，说：“还能怎么办？只能倒了呗。”我说：“要不，你明天再拿出来卖，放一晚上也不见得就会坏。”他说：“的确不会坏，但已经不好吃了，算了，做餐饮，要凭良心，要对得起顾客，我要卖的是全城最好吃的凉粉。”

想想那些用地沟油、卖注水猪肉的黑心商人，我不禁对他肃然起敬，可我又有点替他惋惜：“还剩那么多，都倒了的话，你今天赔本了，白辛苦了一天。”他笑笑说：“怎么会白辛苦？今天我这儿来了好几个新顾客，相信我的味道可以征服他们，以后就多几个老顾客了，今天并不是没有收获的。”末了，他好像又想起什么，补充了一句：“就算白辛苦，我也得来，有些弯路我必须自己去走，有些亏有些苦我得咬着牙吃。”

后来，众口相传，他的生意越来越好，有时候我去了都还得给他帮会忙，才顾得上吃。忙完了，我说：“今天又赚了不少吧？”他擦擦汗，笑起来，洁白的牙齿在阳光下仿若闪光。他说：“今天多亏你来帮忙，要不然那会儿我真忙不过来，走，等我收了摊，请你吃火锅。”

我大三的时候，他拿出所有积蓄，租下了校门口旁边的一间旺铺。再去吃的时候，我取笑他说：“哎哟，鸟枪换炮，当老板了哟！”他丢过来一瓶水砸我，说：“你别瞎逗我，就之前那装备，你不嫌风吹日晒，我还怕城管来撵呢！有个店好点，我好好做，把招牌立起来。”

03

再后来，我忙于实习和找工作，常常奔波在外，就很少去他那里吃凉粉了。毕业之后，脱离了当时的环境，我和他渐渐断了联系。

直到去年，我回学校去读研究生，突然想起了他，就想去他店里看看，再吃一次他做的凉粉。才走到街口，远远的就看到他的招牌，很大一块，很气派，也很耀眼。进了店里，发现店面大了不少，顾客盈门，不少服务员在忙着上菜，品类也从单一的凉粉扩展到干锅和火锅。

他在柜台那儿收钱，竟然一眼就认出了我，把我领到了三楼的一个雅间，我们俩边吃边聊。我这才知道，他后来扩大经营，把左右两边的铺面都并了过来，努力经营了三年，他攒够钱，把这幢五层的小楼给买下了，一二三楼经营，四五楼自己住。

店铺对面的马路边停着他的轿车，是辆大众捷达。我调侃他说："你现在当大老板了，座驾怎么也得来辆宝马奥迪啊！"他有点不好意思说："就一个餐饮店，做点小生意，哪儿说得上是什么大老板？去年才把这里买下来，手边也没什么钱，就先买一辆代步吧！再说了，你知道我的，我从山沟里走出来，能在大城市里安个家，我已经很满足了，我不追求那些享受。"

说这些话的时候，他很认真。看得出来，对于今天所拥有的一切，他心中充满了对生活的感激，觉得自己苦尽甘来，有了福报，终于能够在城市落地生根。

看着眼前这张黝黑的笑脸，我的视线透了过去，沿着时光的长河一路回溯，很多个他渐次闪现，最后重叠在了一起：四处学艺、偷师百家的他，在烈日下汗流浃背守着摊子的他，在暴雨里萧瑟地坐着等雨停好收摊的他，在校园里到处派发传单宣传小吃店的他，低着头弄好一碗又一碗凉粉送到顾客桌前的他，一步一个脚印走到了如今境地的他。

这些个他，都是我面前这个依然一脸憨厚朴实的青年吧？他学历不高，他出身贫寒，他所拥有的只有这份认真，他所凭借的不过是日复一日的努力。

毫无疑问，他成功了。他的成功不在于在大城市买房买车、安家落户，而是靠着自己的努力，白手起家，一步一步地改写了自己的人生。

04

我见过很多考上了理想大学的寒门子弟，论及学识，他们比起凉粉哥远远胜出，可关于人生和未来，他们却好像缺失了一堂极其重要的课。

在他们心里，始终藏着对于贫寒出身的自卑，怀着浓重的宿命感，觉得阶层固化，难以逾越。平日的他们愤世嫉俗，动辄质疑别人的成功背后都有背景，然后哀叹自己有的只是背影，仿佛他们的失意都是因为官二代富二代们横插一脚，抢走了本应属于他们的资源和机会。

恰恰就是这些人，他们的血管里流淌着根深蒂固的悲观，否定努力的意义，认为努力再多，也敌不过别人发动人脉，走下后门。

其实他们的想法并非一无是处，社会的确存在种种不公，我们和别人也许真的不在同一条起跑线上。可是，那又怎样？破局艰难，难道就是作茧自缚的理由了吗？逆袭不易，所以就要放弃努力吗？

他们空有学识却无智慧，哪有像凉粉哥这样大智若愚。凉粉哥读的书不多，不懂什么大道理，但他知道，努力永不落空，至少它会让明天比今天更好。多吃点苦，多流点汗，这没什么，总比被自己的懒惰葬送未来时只能流泪要好。

就像几年前他对我说的那样，人生哪儿有白吃的苦？你咬牙吃的所有苦，都沉默着匍匐，蜿蜒着铺成了你未来的路。

多读书是你开阔眼界
走向高贵最便捷的路

01

我的父亲年少时家里很穷，他只读到初中就辍学了，学历不高，却是当之无愧的一家之主。哪怕现在我和哥哥一个是硕士，一个是博士，真遇到了什么重大的事，也都要向父亲请教，听听他的看法和建议。

在过去的这些年月里，每当我们面临人生的重大抉择时，父亲都能以他广博的眼界给予我们正确的指引，让我们人生的小船一路乘风破浪，不曾走偏。

哥哥中考的时候取得了优异的成绩，当时摆在哥哥面前的有两条路：一条路是去读师范，三年毕业之后国家包分配工作，就能去当小学老师，进入体制内，捧上家乡人眼馋不已的“铁饭碗”；另一条路就是读高中，考大学。

在那个年代，大学的录取率很低，几乎大部分高中生都是考不上大学的。哥哥去读高中的话，面临着很大几率的落榜的风险。如果哥哥选择就读师范，可以预见到的是，三年之后他就能跳出农门，从此，不用再面朝黄土背朝天地在田地里辛苦劳作。

哥哥犹豫了。哥哥对于学习是有热情的，他很想继续学习更多更高深的知识，去接触外面更广阔的世界，可是，一边是唾手可得的安稳，一边是难以把握的未来，他又该如何取舍，作何抉择。

父亲看到哥哥犹豫不决的样子，心里窝火，一巴掌拍他头上："你嘀咕个啥？我帮你决定了，就去读高中！"哥哥说："万一我到时候考不上大学咋办？"父亲一脸恨铁不成钢的样子，训斥哥哥说："你能不能有点出息？还没去读，就先担心考不上了？怕考不上，高中三年你给我铆足了劲拼命学习！"

哥哥听了父亲的话，终于下定决心，选择了读高中。后来，他考上了大学，一路读研、考博，成了我国心理学领域为数不多的博士之一，如今是一所重点大学的心理学副教授。

哥哥博士毕业当天，他赶回家，亲自下厨，烧了一桌子菜，倒了两盅小酒，敬父亲。父亲很高兴，喝了一口酒之后说："你们啊，就是太年轻，只看得到眼前的安稳，想不到未来的发展。你说你哥成绩这么好，窝在小山沟里当小学老师有啥意思，我就知道他是做学问的料。"

哥哥心里一直有个疑问："爸，那你当时就不担心我去读高中，最后考不上大学吗？"父亲笑了："考不上大学就让你复读呗！复读一年还考不上，那就再复读，直到你考上为止。一点风险都不敢承担，那才是人生最大的冒险。只要结果是美好的，过程曲折一点，多失败几次，对你来说不全是坏事。再说了，你不是一次就考上了嘛？"

02.

几年之后，我高考完，填报志愿时又犯难了。彼时，金融相关专业炙手可热，毕业生供不应求，前景很好。可我志不在此，我更喜欢徜徉于文字的殿堂里，追寻智者们思想的火花。

是选好找工作、毕业后工资高的专业，还是选择虽然冷门但自己真心喜欢的专业，这真是一个难以抉择的问题。

父亲问我："你真的喜欢文学吗？"我转过头，看了看书柜上塞得满满的杂志和书籍，这些都是我假期兼职赚钱买的，每一页纸上都浸透着我的汗水，又看了看堆在书桌一角的笔记本，里面有日记，有小说，还有随笔，我利用闲暇时间写了很高的一摞。

我没有说话，但父亲明白了我沉默里蕴藏的坚定。他说："儿啊，喜欢什么就去做吧，别管什么专业热不热门，自己感兴趣才最重要。"我心里还是踟蹰不定，我说："可是，我想以后能多赚点钱，让你和妈妈过上好日子。”父亲拍了拍我的肩膀，他的手充满了力量和温度，他说：“再热门的专业，你不喜欢它，那也是读不好的，学得不好的话，你又怎么能找到高薪的工作？”

父亲看我低着头不说话，他又补充了一句：“工资不是工作的全部意义，你去工作是要实现你的理想，体现你的个人价值。选了不喜欢的专业，进入自己不热爱的行业，以后你上班的心情会比上坟还沉重。到了爸爸这个年纪，你就会明白，赚得多点或者少点那都没什么，最重要也最难得的，是你能够过得开心、快乐。”

多年后，当我能够用文字激励和感动别人，并通过写字养活自己时，我不止一次地回忆起当初父亲对我说的那些话，一种混杂着庆幸和感激的情绪萦绕在我心头。

当站在三岔路口，需要我做出抉择时，眼见是沉闷而平凡的一天，其实风云千樯，任何抉择都是命运的巨变。所幸有高瞻远瞩的父亲，犹如一盏明灯，为我照亮前路，让我不惧将来。

03

有时候，我和哥哥也很好奇，父亲没上过几年学，在很多大事上的看法怎么那么准确，完全是高屋建瓴，一语中的。每次问起父亲，他都会得意的哈哈一笑，说：“你爸我吃过的盐比你们两个小家伙吃过的米还多，走过的桥比你俩走过的路还多，你们以为我的那些亏是白吃的？能不长见识吗？”

我和哥哥相视一笑，这老头儿就不能夸，一夸他，他的尾巴都要翘到天上去了。一笑置之后，我也就没多想。

后来，有一次我在家写文章，需要用到一个典故，我记不太清了，就想查阅一下书籍，找了好半天，我都没找到那本书。家里的书实在是有点多了。打从记事起，父亲就经常买书回家给我和哥哥看，看不完不许我们吃饭。最开始，我和哥哥是拒绝的，可看着看着竟然入迷了，也爱上了阅读，从此我俩也开始买书往家里搬。这么多年下来，我们爷仨买的书塞满了三个书柜，实在放不下，地上都堆了好几摞。

父亲进来给我送茶水，看我在那儿翻找，问我在找什么书。我把书名告诉他，撇了撇嘴说：“告诉你有什么用，你又不是知道在哪儿。”父亲走到书堆前，信手一抽，就把我要的书拿出来了。我惊愕得说不出话，父亲笑笑，说：“碰巧让我找到了。”

他那娴熟笃定的样子引起了我的怀疑，为了验证心中的猜想，过了一会儿，我主动叫他，装得很着急，说找不到某本书，急着要用。父亲说：“别急，爸爸肯定给你找到。”他再一次飞快而准确地找到了藏在书柜角落的那本书。

我这才知道，父亲嘴上说着是买书给我们看，其实，我们不在家的时候，这些书他全都看过，而且肯定不止一遍，要不然，他绝对不会对每本书的位置这么熟悉。

我毫不客气地当面揭穿了他，他不好意思地摸了摸鼻子，嘿嘿一笑，说：“钱都花了，书也买了，我不跟着你们一起看一看，不就亏了吗？再说了，多看书好啊，人家一辈子的想法都写书里了，你一去看，就把别人好的东西都学过来了，这世上简直没有比这更便宜的事情了！”

04

从小山村里的平凡农家到如今的一门双状元，我和我哥一个当了作家，另一个成了学者，我们家可谓发生了翻天覆地的巨变。能实现这种惊人的转变，我和我哥在追梦路上的坚持努力自不必说，但父亲的英明决策也居功至伟。

父亲不过是一个初中肄业生，一辈子也没有出过县城，他哪儿来那么高的眼界呢？唯一的原因就是，他虽然过早地结束了在学校的学习生涯，但他在人生中的学习却从未间断。

不论是与走南闯北、外出打工的乡民交谈，还是利用闲暇时间争分夺秒地读书，父亲一直在以他自己的方式努力的获取外界的信息，学习他人精妙的见解，提升自己的理解力和判断力。

都说寒门难出贵子，除了教育资源等硬件与富贵人家的孩子相比天差地别之外，更关键的是，寒门子弟还输在了信息不对称上。

家境优渥的孩子的父母，不仅手里掌握着大量社会资源，他们还深谙这个社会的生存之道和崛起之路。在他们的孩子成长的每一步上，他们都提前做好了规划，能够给予孩子们正确而实用的指导建议。

寒门子弟的父母大多学历不高，身处社会底层，信息闭塞，遇到孩子处在升学就业等人生关键处，他们茫然无措，只能让孩子自己去闯，这就导致寒门子弟们稍不注意就会走了弯路。

我很庆幸，我的父亲有坚持阅读的好习惯，杂志小报、经典名著他都有涉猎，新闻时政、科技前沿也不拒绝。对于一个庄稼汉来说，他读的这些书有什么直接的经济效益吗？一分钱都没有！

其实，他读的很多书一点也不实用，可是，这一本又一本的书就如同一级又一级的阶梯，让他拾级而上，从低洼的坑里不断攀升，最终站上了云端，得以俯瞰脚下的土地，能够眺望远方的风景。

05

心有多大，舞台就有多大。眼界有多宽广，人生的边界就有多宽广。古语有云：“不谋万世者，不足谋一时；不谋全局者，不足谋一域。”很多时候，一个人能走多远，不是取决于他的脚能坚持多久的跋涉，而是取决于他的双眼能看到多远的未来。眼界之于人生，就如翅膀之于飞鸟，灯塔之于航船，是进阶基石，更是人生航向。

想要提升眼界，无非就是阅人、历事、读书、行路。相比阅人无数、历经沧桑和行万里路，读万卷书无疑是最经济也最便捷的提升眼界之法。

打开书本，足不出户你就能在思想的国度里遨游，吸纳他人智慧，增长自身见识。作者看到的世界铺陈在你面前，他关于社会和人生的思考也呈现给你，你失去的是阅读这本书花费的几个小时，而你获得的却是一整片新的天地。

你读或是不读，书就在那里，不来不去。可如果你愿意多读书的话，一条开阔眼界的道路就温顺的匍匐在你脚下，等待你走上前去，洗礼灵魂，变得高贵，改变人生，走向卓越。

一言不合就想辞职跳槽
你这样很难成功的

01

小哲在新媒体公司上班，是个刚大学毕业的年轻小伙子，做的是微信公众号编辑的工作。工作了几个月之后，他每次和我聊天都在吐槽他的工作。

老板太抠门，工资发得少，还常常要求他们无偿加班；主编没品位，好的稿子不让发，看中的都是些垃圾文章；作者真高冷，想要转载他们的文章，去索要授权，爱理不理的，半天不回复；公司每个月还有粉丝和阅读量增长的业绩考核，简直要把人逼疯了……

在他的描述里，他的工作一无是处，又苦又累，心力交瘁，仿佛这世上再没有比这更糟糕的工作了。他不无羡慕地对我说："还是你们当老师好啊，每年有寒暑假那么长的假期，每天的课也不算多，工作又受人尊敬，不用受气。"这山看着那山高，距离果然是容易产生美啊，关于教师行业的种种内情，我就算跟他说了，他也不会相信。所以，我只是笑了笑，没有接话。

不久之后，我遇到了在互联网公司做程序编写的另一位朋友，我们两个人聊着聊着，话题就扯到了小哲身上。他啼笑皆非地告诉我，小哲也经常找他诉苦，言谈中对于他的工作也满是羡慕，说程序员工资高，IT行业是朝阳产业，以后的职业发展前景很好。我说：“如果让他知道你经常熬夜写程序到深夜一两点，不知道他到时候又作何感想。”朋友笑着说：“真要让他来我们行业工作，我敢打赌，最多一个星期，他就要狼狈地逃回去当编辑了。”

在这之后，小哲还是隔几天就发一通牢骚，与同事闹别扭了或者被老板训了都让他浑身充满了负能量，他时常念叨着要辞职，说想换一份钱多事少离家近的工作。我打趣他说：“哦，还有这么好的工作？你要是真找到了，可千万记得给我介绍一下。”他说：“你们老师的工作不就是这样的吗？”我哑然失笑，说：“你抽个空，过来看看我吧，和我一起生活一两天，我相信你的想法会大为改观的。”

没过几天，他就来我这儿做客了，美其名曰提前体验教师生活。在近距离观察了我的日常生活两天之后，他的情绪变得很不稳定。他说：“我还以为你们每天只上几节课很轻松，原来备课和批改作业占去了大量的时间。更过分的是，守着学生上晚自习竟然要到十点半，等回到家都十一点了！”

“你以为我们的寒暑假是从哪里来的？你朝九晚五的生活里可不会有什么早读课和晚自习。”一边说着，我一边从抽屉里找出了工资条递给他，“来，看看，这就是你所谓的钱多事少离家近的工作。”

他看着工资条上那个比他的工资小了不少的数字，半天没有说话。看着他无法接受的样子，我知道，他心里那个钱多事少离家近的教师梦算是破灭了。

后来，他很少再发微信来抱怨工作中的不如意了，只是一天又一天认真地选稿子，排版文章。一年多后，在升职为团队主编的那一天，他发了一条朋友圈："再好的工作都有令人崩溃的时刻，没有一种工作是不想辞职的。羡慕别人毫无意义，我们所能做的，就是在自己的岗位上做到最好。三百六十行，行行出状元。"

02

我有个远房表弟，都二十几岁的人了，可没少让父母操心。短短的两年时间里，他前后换了六份工作，每一份工作他都做不长，长则半年，短则半月，他就因为厌倦和不满再次跳槽。

身为兄长，我曾经好意提醒过他，不要无意义地频繁跳槽。他没好气地说："工作不顺心，我还待在那里干嘛？凭什么我就要给其他同事背黑锅？凭什么吃力不讨好的工作就要交给我来做？"我说："职场新人受点委屈那都是常有的事，你一无资历，二无能力，难道还要别人把你捧着不成？"

他理屈词穷，说不过我，就强自争辩道："树挪死，人挪活。我当然要往高处走了，你没看到我现在这份工作的工资已经比我刚工作时高了很多了吗？”

我暗自叹了口气，他到底是年轻气盛，听不进去话。他仗着年轻，拼命瞎折腾，却不知道，命运赠送给他的每件礼物，其实早已暗中标好了价码。

新工作没做多久，他跟上司吵了一架，又辞职了，只是这次跳槽却不太顺利，迟迟没有找到新的工作。这些年他频繁跳槽，把履历都写到简历上，看起来倒是工作经历很丰富，很多门类的工作都做过，可没有哪一种工作他做出了拿得出手的业绩。

用人单位一看他的工作履历，自然会怀疑他对单位的忠诚度，担心他再次跳槽，不愿意录用他也就是情理之中的事了。

再见到他时，赋闲在家大半年的他已经没了当初那种目空一切的自大。他应该也认识到了自己的平凡和渺小，在工作面前，他并没有肆意妄为的资本和底气，所有的任性，最后都要以后悔的眼泪来偿还。

03

每一种工作，都有它平凡的一面，落实到每一天，都是忙碌而琐碎的。可平凡的工作也能做出不平凡的业绩，也能放大个人价值，实现个人理想。

快递员够平凡的吧？可是，就有这样一位快递员，靠着用心送快递五年挣了两百多万，开着跑车送快递，还成为八位行业代表之一，在阿里巴巴于纽约证券交易所挂牌上市时，陪马云敲钟。

他叫窦立国，是一名普通的快递员。刚转行送快递时，没什么业务，取不到件，也没人寄。他没有干等着着急，而是自费印了一万张名片和小广告，早上到小区门口，见人就发，鞠个躬，微笑着说："您好，给您发张名片，以后发快递找我。"

他肯花时间和心血去打开局面，也勤于动脑，借势营销。圣诞节的时候，他穿上圣诞老人装，给来拿快递的客户送苹果，苹果上附带着他的名片。多番努力之下，他的快递生意终于红火了起来，来找他寄件的人越来越多了。

在立志扎根快递行业后，他没有满足于逐渐增多的业务量，开始琢磨送快递里的学问。在送快递的时候，他留心路线，总结经验，最后画出了七张北京高峰期"避堵地图"。按照他的地图行车，在高峰拥堵时，可以节约至少一个小时的时间。这让他送快递又快又准，也因此进一步提升了他的业务量。

就这样，他一步一个脚印地送出了不一样的快递，成就了他自己。一份普通得不能再普通的快递员工作，窦立国却把它做成了一项了不起的事业。在电视节目《超级演说家》里分享他的心得时，他这么说道："要成功，成就大梦想，一定要做好小事。"

只要你用心去做，完善职业技能，提升姿势水平，研究行业趋势，把握时代脉搏，有什么工作是做不好的，是没有前途和未来的呢？

04

在这个浮躁喧嚣的时代，人们更关心赚钱多不多，却很少在意自己的工作做得好不好，仿佛认真工作是可耻的，努力赚钱才是重要的。这也难怪有人会说，在职场上别跟我谈理想，我的理想就是不上班。

可这样急切而盲目地想要多赚钱，其实是颠倒了因果——工作做好了，才更容易获得升职加薪的机会，才能更快也更正当地多赚些钱。

更何况，工作对于我们不应该只是谋生的工具，它还应该寄托着我们的职业理想：教师想要教出更多更优秀的学生，医生想要治愈更多的病人，作家想要写出更有感染力和穿透力的文字，画家想要画出能带给人美的享受和启迪的画作，程序员想要做出交互体验更好、功能更强大的APP……

小哲静下心来，成了一名很好的编辑，更因此升职为主编，可我的表弟却还没找到自己的路。他频繁地辞职除了工作上受了委屈，还因为他总想找到更高薪的工作。可他却没有意识到，片面

我就喜欢你活泼天真、单纯热烈的样子，

好 像 不 会 长 大 ， 也 不 会 离 开 。

愿你惦念的人能和你道晚安，
愿你独闯的日子里不觉得孤单。

怕什么岁月漫长，你心地善良，

终会有一人陪你骑马喝酒走四方。

很庆幸，

能走到你身边。

很遗憾，

没能走进你心里。

追求高薪而跳槽是极其短视的行为，尤其是跨行业跳槽，更是得不偿失。

我们在每一份工作和行业里，都积累了很多的无形价值——你的职业技能，你对行业的认知判断和你的人脉。跳槽的时候，这些宝贵的东西我们是没有办法全部带走的，总会造成无形折损。

不止于此，任何一个行业，你想要进阶，攀爬到回报丰厚的金字塔尖，都是需要经验和资历的积累的。如果你随意跳槽，那么，你之前的积累就折损过半甚至全盘丢失，需要你从头再来。在这个过程中，你耗费的时间成本，很难用账面上跳槽后增长的那一点工资来衡量。

那些动辄辞职跳槽的人，他们的前路看似有很多机遇，却也埋伏着数不尽的深沟等待他们坠落。如果他们看得到隐藏的危机和损失，他们每走一步都会如履薄冰，胆战心惊。

想要提升自己的价值，让自己在工作中更加如鱼得水，在行业里有更大的声量和更高的地位，需要我们静心沉潜，持续积累，才能厚积薄发。当你价值提升之后，变得更能干，更有用，那个时候，你之前所渴望的一切都会主动上门来找你。

以后，别再天天吐槽工作难做了，除了做梦，没有其他的什么事做起来是容易的；也别再问努力工作有什么用，如果你都不相信努力的意义，你又凭什么认为成功的那个人应该是你？

二十几岁的你
别只顾着迷茫却忘了修行

01

看到小辉刚发了一条朋友圈，我看了看，没有点赞。他说：“这工作真没意思，一天到晚瞎忙，也不知道自己在忙些什么。”我相信，这条朋友圈是分组可见的，他一定把公司的同事和领导屏蔽了。他只不过是工作不顺心，想发发牢骚罢了。

小辉今年换了三份工作了，他换工作的原因不是待遇，也不是发展前景，只是他单纯的不喜欢。这三份工作分属于三个不同的领域，也真难为他每次跨专业就业都能成功找到工作。看起来，新的工作也没能拯救他，他依然迷茫，不知道未来在何方。

他的口头禅是“没劲儿”“没意思”“真无聊”，好像这个世界是个窃贼，偷走了他的快乐、他的兴趣和他的热情。他常常自嘲说，工作对于你们来说，是值得倾注热爱的事业，对我来说，不过就是一份赖以糊口的职业罢了。

我和小辉接触得比较多，我知道他是一个很好的青年，待人真诚，礼貌热情，做事情也很有责任心。他其实并没有做错什么，他只是迷茫，找不到人生的方向。

迷茫的又何止他一个人？二十出头的我们，当被问到自己地梦想时，又有多少人能够毫不迟疑的大声说出自己的梦想？更多的人，根本就不知道自己的梦想是什么。

中学的时候，在父母和老师的督促下，他们心里想的是好好学习，考个好大学。考上大学之后，想法变成了毕业后找个好工作。可找到工作之后呢？赚很多钱，然后成个家吗？

他们就像流水线上的产品，被社会的传送带裹挟着向前，按部就班地上学、工作、结婚、生子，却不知道自己来到这个世上的意义是什么，仿佛成为整个社会的一个小小零件，孤单地生，枯燥地活，最后落寞地死就是他们无法挣脱的宿命。

他们生而为人一场，往前看，不知前路，回头看，不见归途。一天又一天，走一步算一步，像象棋上的兵卒一样，被一只看不见的大手操控着往前走去，直到被吃掉或者走到底线，结束自己迷茫空虚的一生。

02

并不是所有年轻人都在迷茫，总有一些人跳出了命运的棋盘，选择了自己的道路，坚定不移地走下去。

肖肖是个沉静的姑娘，话不多，但在人群里显得很特别，不是因为她有多漂亮，而是她的眼神清澈里透着专注，整个人有种笃定而坚毅的气质。

与那些整天嘻哈浪荡的同学不同，她有着明确的目标，对人生有完整而清晰的规划。

上大学那会儿，她常年泡在图书馆和自习室里，年年都拿到了国家奖学金。在毕业季我们忙于找工作的时候，她选择了考研，而且是跨专业考研。研究生毕业后，她进了一家大公司。我们原以为她应该会安分下来了，谁知道，工作两年后，她就跳槽到了一家外企。看她的朋友圈，她最近的一个目标是想在三年内升职为主管。

曾经在班里名声不显的一个姑娘，在时间的历练洗礼之下，就像蒙尘的珍珠被擦拭去灰尘，逐渐绽放出自己的光芒。

她的人生也曾数次改弦易辙，不过，与小辉不同的是，肖肖十分清楚自己想要的是什么，当发现现实和理想有偏差之后，她会立即止损，并为人生的改向早做准备。

从学生时代走到如今，肖肖所走的每一条路都是她自己选择的结果。她是那么有主见的一个人，对人生拥有着超出常人的掌控力。她就像自己人生的舵手，在乘风破浪的旅途中，随时调整航向，把方向修正得契合自己的理想。

03

这些年，我见过太多的年轻人在最青春的年纪里却失去该有的活力，变得暮气沉沉。他们沉迷游戏，疯狂追剧，或者热衷泡吧，亦或以一段又一段恋爱来填满自己的生活。

可这样是没有用的，总有些时刻，他们只能独自行走。而在那样独处的时候，他们安顿不好自己，就会仓惶无助，彷徨迷茫。

有多少人就在迷茫中虚度了时光，人到中年时再回首青春，发现自己稀里糊涂地就把自己最美好的年华混过去了，什么事也没做成，只有年华渐渐苍老。

其实，迷茫并不可怕，每个人可能都经历过一段幽暗的时光，走过了那样逼仄的小路，才最终找到了自己的坦途。

重要的是，你不能因为迷茫就停下了脚步。迷茫就像伸手不见五指的大雾，你不选定一个方向坚定地走下去，是走不出它的包围的。

04

处在迷茫里的时候是人生里最容易贬值的时期，那个时候的你，可能做什么也提不起劲，静不下心来努力，在寻找和追问中无端地就浪费了很多时间。

其实，迷茫的时候，你最应该努力修行，把自己摆渡到理想的彼岸。而想要好好修行、锤炼自己，有这样几件事你必须去做。

你先要做好自己眼前的、当下的事。

很多迷茫的人都有个通病，那就是浮躁，做事情静不下心。不努力的他们还会给自己找借口，说这是因为正在做的事不是他们喜欢的，如果他们找到了自己喜欢做的事，一定能够打起十二分精神去用心做好。如果你也抱着这样的想法，那你很可能永远都找不到自己喜欢做的事了。

不管是学习，还是工作，你都要耐着性子，把它认真做好。我知道你会说你不想学习、不想工作，可是，这些不是你想要的，那什么才是你想要的呢？你又说不上来了，因为你也不知道自己想要什么。既然暂时还不知道未来在哪里，那你就先走好脚下的每一步好了。

你还要拓展生命的宽度，尽可能地多尝试。

你不会找到路，除非你敢于迷路。我们的人生虽然不能涂改过往的痕迹，但好在你还有纠错的能力，所以，不要怕走错路。找不到你自己的路，也许只是因为你走过的路还太少，你的天空其实只是一个小小的井口，你还从未接触过外边广阔的世界。

有的人其实能成为一个很好的航海家，只可惜他一辈子没能走出那片沙漠，从来就没有见过大海。

我的一些朋友，他们在本职工作之外，利用业余时间发展兴趣爱好，化身为一专多能的斜杠青年。他们中的一些人，最开始只是想丰富自己的生活，结果后来发现那些业余爱好才是他们真正热爱并且擅长的东西，于是索性辞职转行，全力发展自己的事业，终于走出了迷茫，获得了成功。

你也应该多去尝试不同的事，丰富自己的生活，赋予人生更多的可能性。

你更要始终坚持学习，不断地提升自己。

杨绛在给一个迷茫的年轻人的回信中写道："你的问题主要在于读书不多而想得太多。"当你通过阅读开阔了你的精神世界，完成了自我洞见之后，很有可能你就能够觉知自己内心深处潜藏的渴望，明确自己前进的方向。

不知道做点什么的时候，那就去学点什么。看专业书籍提升职业技能也好，看文学书籍提升人文素养也好，总之，不要让自己闲下来胡思乱想。坐在家里空想，你很难理清自己的技能树，对自己的深刻了解往往需要实践。

只有一条路，是你不能放弃的，那就是成长的路。在学习中成长，扩宽自己的知识外延和人生边界，深挖自己所在的领域，都能让你更快地走出迷茫。

05

我们的人生就像游戏，充满了一道道关卡，每个年龄阶段都会有自己的烦恼，都会有自己难以解决的问题。我们动用才智，付出努力，披荆斩棘，才能最终通关。

迷茫这个小怪物可能在我们才十七八岁的时候就跳出来，拦住我们前行的路。有的人很早就料理了这个小怪物，轻装上路，奋勇直行；而另一些人可能一直到二十几岁都没能战胜迷茫，依然被它纠缠，没法专心走自己的路。

不用夸大迷茫，也不用畏惧迷茫，迷茫是人生的常态。它就像一条河，横在你的人生路上，阻断了前路。你要么搭桥而过，要么划船前行，或者索性游过去，只要你有坚定的信心往前走，你总能渡过这条河流。关键的是，你要记得，即便我们年轻，时间也不容挥霍，你千万别只顾着迷茫，却忘了努力修行。

赚钱快些再快些吧
咱爸妈老得太快了

01

“来，多吃点肉，你看你在外边工作，都瘦了。”

伴着这声话语，一块全是瘦肉的火腿落进了我的碗里。

我不由得瞄了一眼自己圆滚滚的肚子，心里暗自苦笑，是不是在所有母亲眼里，自己在外的孩子都是没吃好，都是瘦了，哪怕这个孩子分明已经胖成了一个球。

爱果然是盲目的啊，尤其是父爱和母爱，不讲道理，不顾事实，就是爱你。

眼睛往上抬，视线扫过妈妈给我夹菜的手，我心里霎时一震。是有多久没有好好看过这只手了，它怎么变得这么苍老羸弱了？

很久了吧。

从自己上了大学，开始兼职打工，经济独立，不再从这只手里接过学费和生活费时，就没再留意过妈妈的这只手了。

这只手，曾把我抱在怀里，牵着我过马路，牵着我上学，牵着我长大。

这只手，在我调皮的时候打过我，我的脸上、屁股上都留下了它的痕迹，它让我痛，也让我哭。在我哭泣的时候，它又伸过来，擦拭我的眼泪，抚摩我的脸庞，温暖又柔软。

这只手，在我眼里，一度有着神奇的魔力。它能用旧报纸给我包很好看的书壳，也能用黄瓜茄子西红柿这些寻常果蔬给我做喷香的饭菜，它还能给我缝补漏了的口袋和绽开的裤裆。

可现在，这只手老了，它不再有力，不再鲜活，显出衰败的气象，遍布褶皱和老茧，就像久旱后龟裂的土地。

是什么伤害了它呢？是什么打败了它呢？

是时间，是岁月吧！是生活，是困苦吧！

02

小时候，家里很穷，生活很苦。

贫穷的记忆仿佛原罪，深深的烙印在脑海里，印刻在内心深处，任童年的快乐再盲目天真，也掩盖不了，抹除不去。

很多时候，家里的饭桌上四个菜都是土豆：炒土豆丝，炸土豆片，酸菜土豆汤，土豆泥炒茄子。更多的时候，饭桌上甚至没有一碗像样的菜，我们就着妈妈腌制的咸菜，泡着酸菜汤，努力地吞咽饭粒。

幼小的心灵不为贫困所欺，只为慈爱而满盈。

我和哥哥没有埋怨过为什么我们家吃得比别人家差，为什么我们哥俩的衣服不如别家小孩的那样合身，那样少几个补丁。因为我们知道，爸爸妈妈真的是给我们提供了他们力所能及的最好的生活和毫无保留的爱。

印象很深的是，有一次吃晚饭时，爸爸端出了一碗饭，自顾自地吃着。我说，爸，那饭馊了，不能吃了。爸爸头都没抬，含混地说，还能吃，没馊。哥哥说，那分一点儿给我们，一人吃点儿。爸爸说，你们哥俩儿就吃今晚煮的，我吃这个挺好。

那个时候，我读小学三年级了，不再是什么也不懂的小屁孩了，生活已经告诉了我，现实可以有多残酷，人可以有多无奈。

我眼前的世界模糊了，我伸出去的筷子戳到了饭桌上。我忍着，我死死忍着，眼泪没有落到碗里，可是我却觉得，我吃的每一粒饭都是咸的。

明明馊的那碗饭是爸爸在吃啊，为什么我碗里的饭也这么难以下咽呢？

03

爸妈为了改变贫穷的家境，供养我们哥俩上学，给我们提供好一点的生活，做出了百般尝试，付出了全部努力。

爸爸曾当了八年的小学民办教师，教书是他热爱的事业。可就在转正在即的时候，他毅然决然地走下讲台，走入地下，弯下身躯，当了一名矿工。

没办法啊，我这个小淘气降生了啊。那是1992年，当时爸爸教书的月工资是五十八块，而下煤矿去挖煤能拿到四百块的月收入。因为我，爸爸别无选择。

后来，煤矿的收益不复当初，进城务工成为农村新的潮流。爸爸又走上地面，走进城里，当了一名泥瓦匠。手里一砖一瓦建设着城市的高楼大厦，心里一块两块的计算着收入，想到我和哥哥下学期的学费又有着落的时候，不知道爸爸砌砖的手有没有更轻快更有力。

爸爸进城务工后，家里二十几亩地的农活都压到了妈妈一个人的担子上。那个时候，我和哥哥已经比妈妈高了，可力气还没这个矮我们半个头的农村妇女大。

她挥动锄头，向沉默的土地索要秋天的收成，动作简洁有力，偶尔直起身，用手背擦擦汗，又接着一锄头一锄头的挖下去。她背起背篓，背篓里装着堆得尖尖的玉米或土豆，还不时转过身，问周末从学校回家帮忙的我们哥俩，重不重，累不累，重的话，拾一些到我篮子里来。

重！近一百斤的粮食当然很重。累！烈日下负重前行，汗湿衣襟，当然很累。可，妈妈，你背的不是更多吗？我们哥俩只背了这几个周末，你却背了日复一日年复一年，你难道不是更累吗？为什么，你回头问我们重不重时，笑得那么柔和温暖，好像为我们扛起生活重担的并不是你一样？

粮食的价格持续走低，从土地里刨食越发困难了。妈妈心思活络，在农忙间隙，在乡镇赶集的日子，到街边摆了个小摊，做点饮食的小生意。

刚结束了一整天劳累的田地劳作，披星戴月而归的妈妈又趁着夜色，在厨房里忙碌，准备第二天要上街卖的食材。她微弯着腰，快速地挥动锅铲。她的腰就是从那个时候开始，日渐佝偻的吗？

到底是哪一年，是哪一天，那根支撑着我的天空的脊梁被贫困的生活压得倾伏向大地呢？

我不知道。去探询这个答案，会让我心里泛酸，眼中落泪。

04

落在岩石缝隙里的种子，没有温室花朵那样娇柔脆弱的资格，它只能顽强的拱出嫩芽，它只能以抗争的方式长大。

我和哥哥在学习上都很努力，在爸妈欣慰的目光中，双双考上了重点大学，毕业后在城市里找到了稳定的工作。

我原以为，我和哥哥早已成年，也已参加工作，我们已经长得足够高也足够茁壮，高壮到足以接替爸妈，撑起家庭的重担，让他们歇一歇了。

我多想对爸妈说，爸，妈，别那么劳累了，停下来吧，你们辛苦了大半辈子，也该享享清福了，就让我们哥俩给你们养老吧！

可稍显寒碜的工资和日渐走高的房价让我乖乖闭了嘴。我在这个城市里一无所有，空有一颗孝心和一腔热血，但是没有钱。

爸妈仍弯着身躯，流着汗水，劳作着。他们的身体不像壮年时那么强壮有力，劳苦和岁月联手，摧残了他们。他们变得衰老，变得瘦弱，带了一身的病痛。

我想，晚几年买房又如何，晚几年结婚又如何，不能再让父母如此辛劳了。我说，爸，妈，房子钱我自己攒，你们歇下来吧！

爸妈眼睛一瞪，不给你操持早点买房结婚，我们心里怎么放心得下？我们多少赚点钱，也能快点帮你凑够首付。你和你哥就是我们的盼头，你们工资不高，我们做父母的不帮衬儿子，怎么行？我们的，就是你们的。

我很想反驳，可是我没有底气，我也说不出话。

我即便找了稳定的工作，也不过是个从农村蹦出来的凤凰男，在城市里毫无根基，想扎下根来就得拿钱去填，可我真没有足够的钱让父母可以放心歇息，至少，目前没有。

05

努力工作，提高职业技能是一方面，八小时工作之外的业余时间也不能闲着，我开始接点私活，赚点外快。

淘宝京东这些购物网站，我很久没有打开了。街也很少逛，身上穿的衣服还是三年前买的，款式已经过时了，但我把它洗得很干净。

我尽一切可能去努力赚钱，也尽一切可能去认真攒钱。

我想要赚更多更多钱，我想要攒很多很多钱。

你可以说我总是谈钱很俗很市侩，但你知道没钱很穷很无奈吗？

你可以说能用钱解决的问题都不是问题，但你知道我最大的问题就是没钱吗？

你从来都不懂没钱的困苦和生活的贫瘠，那你也不会理解，我为什么俗不可耐地宣称我要钱，我要很多很多钱，并且不顾姿态的去努力赚取。

其实，不是我需要那么多钱啊，是我的父母需要啊！

爸妈的身体不好，近年来日渐消瘦，时常咳嗽，药就没断过。我该带他们去做个全面细致的检查了，他们常年的病痛也不能总靠药压着，该手术就手术，该理疗就理疗，该调养就调养。

爸妈年纪大了，我和哥哥在外工作，他们身边也没个照料的人。我该在城里买个大点的房子，把爸妈接过来，以前是爸妈照顾我的衣食起居，现在就让我来给爸妈做一顿顿饭，添置一件件衣裳，问一声声冷热吧！

爸妈劳累了大半生，从来没有真正享受过生活。我该教他们使用微信，在他们转发的养生文或鸡汤文下点赞。他们要去跳广场舞也好，要去公园散步也好，要去找其他老头老太太唠嗑也好，他们应该有时间，有闲暇，有心情。

妈妈一直羡慕别的老太太戴的金银首饰，她自己用硬币找人打了一个戒指戴着。做儿子的，怎么能让自己的妈妈这么寒碜？我该给她买个银戒指，要买好的，贵也不怕，她看到戒指在阳光下闪的光泽，一定会盯着看好半天，欢喜得合不拢嘴。

爸爸一直想开车，忙里偷闲，年纪大了也去考了驾照，只是一直没钱买车。做儿子的，怎么能让自己爸爸的心愿成为无法实现的幻想？我该给他买辆车，不必是什么名牌，但性能要好，马力要足，爸爸开着它跑在路上，一定会恢复些许年轻时的意气风发吧！

看来，要让爸妈的晚年过得安康富足，顺心如意，我需要的钱真的不算少。

可我赚钱还是慢了些。每次回家，再见到父母，他们的背又佝偻了些，他们的皱纹又深了许多，他们的白发又多了不少。

我们有什么理由懈怠呢？

我们有什么理由不更加努力去赚钱呢？

他们老得这么快，我们赚钱再慢下去，就真的来不及了呀！

没有哪一种爱
是你不需要成长就配得上拥有的

01

前一阵子，因为工作的关系，我和一个大公司有了业务往来，和我对接项目的是一个二十七八岁的姑娘。年纪轻轻的，就已经是公司的项目主管，成熟干练，精明强悍，让我不得不刮目相看。

我们在职业领域都很专业，那次合作很成功，也很愉快。因为很聊得来，合作结束后我们还保持着联系，中间约过几顿饭，一来二去的就混熟了，成了好朋友。在一次吃下午茶时，我好奇地问她，她这么优秀的姑娘，应该有不少人追，怎么到现在还单身。她叹了口气，语气有点低沉，向我倾诉了她的上一段感情故事。

她和前男友是大学同学，大学那会儿两人志趣相投，都很爱看书，去看话剧和听音乐会邂逅过几次，后来索性就约了一起去，自然而然地就走到了一起。大学几年，两人一起学习，共同进步，谈论海子、王小波和黑格尔，去远行，去写生，去做义工。

那些欢乐的时光，留下了很多美好的记忆。

毕业后，她费尽九牛二虎之力，终于应聘成功，入职现在这家大公司，而前男友因为家里有些关系，进了事业单位，捧上了铁饭碗。两人都如愿以偿地留在了省城工作，那个时候，她满心欢喜地以为，这是新生活的开始，仿佛未来的幸福就在不远处朝她招手。

前男友的父母给他在省城买好了新房，也买了车给他。住进新房后，她发现前男友的心态慢慢发生了变化。可能是事业单位的环境太过安逸，缺少压力，前男友的锐气渐渐被磨平了。回到家后，他不再看书，也不愿意陪她去看话剧，就窝在家里打游戏。

大公司的节奏很快，毕业不久的她必须努力奔跑才能追上同事们的步伐，忙于工作的她起初也没把前男友的变化放在心上，以为他只是工作累了，需要调节一下。可前男友这游戏一打就是大半年，她终于坐不住了，就劝他少玩游戏，多做点正事。

不料前男友先发火了，说她天天加班，一点也不顾家。她说，我加班不也是为了事业上发展得快一点吗？前男友不屑地说，你还需要什么发展？你说我们现在房子有了，车也有了，就差你再给我生个孩子了，你拼死拼活的到底图什么？

她震惊地看着眼前的这个男人，完全不敢相信刚才那些话会是他说出来的。这还是那个曾经和她一起泡图书馆、追音乐剧的阳光男孩吗？不，不是的，眼前这个安于现状、胸无大志的男人不再是她深爱的那个人了。

曾经那些美好的时光碎片从心底浮上来，在回忆的城堡里闪着明亮的光芒。她突然很伤感，也为前男友感到悲哀。一阵恍惚里，她仿佛看到两条路延伸到了她脚下，一条路是和前男友一起，往平庸琐碎的生活里沉堕下去，这条路平坦而无曲折，一眼就看得到未来；另一条路是独自上路，在职场里奋勇向前，最大化地实现她的人生理想和个人价值，这条路崎岖陡峭，遍布荆棘，每走一步都要付出血和汗作为代价。

我饶有兴趣地问，那你是选择了哪一条路？她笑了笑说，我上次是以项目主管的身份和你谈的合作，刚才的讲述里我也一直称他为前男友，我选了哪一条路，这不是明摆着的吗？

我深以为然，点了点头说：“可惜了，一个曾经还很上进的男生，环境安逸一点，就消磨了志气。他既然选择了停下来，当然就配不上往前走去的你了。”

02

陈皓轩是我大学时的好朋友，他的初恋来得比较晚，都读大二了才被林婉秋收编。

林婉秋是我们同院不同系的学妹，长着一张娃娃脸，眼睛又大又圆，可爱至极，简直就是天生的萌物。多接触几次之后，陈皓轩才发现林婉秋不仅看起来呆萌，内心也中二得不行，像个没长大的小丫头似的，童心未眠。陈皓轩见惯了内敛沉静的姑娘，反倒是飞扬跳脱的林婉秋走进了心里。

在带着林婉秋把学校周边好吃的饭店都吃了个遍之后，陈皓轩牵起了她的手。林婉秋身体里就好像有一个功率十足的电动机，她一刻也停不下来，成天拉着陈皓轩去玩。陈皓轩陪着她玩，陪她疯，着实度过了很长一段欢乐而轻快的时光。

后来，陈皓轩觉得玩得差不多了，该收收心好好学习了，他就劝林婉秋和他一起去上自习。林婉秋和他去了自习室，一分钟都坐不住，一会儿吃零食，一会儿拿出手机来玩，一会儿在他外套上画画，闹得他始终静不下心来。这是他第一次发现，活蹦乱跳的林婉秋固然容易讨人喜欢，可她也有烦人的时候。

在后来的相处里，身为学霸的他多次规劝林婉秋多读读书，在学习上用点心，可林婉秋哪儿听得进去，嘟着嘴就来拽他胳膊，可着劲撒娇卖萌，要他带她出去玩，去吃好吃的。陈皓轩皱了皱眉头，最后还是屈服了。

两年时光，倏忽而过，陈皓轩升到了大四，要写毕业论文，要投简历，参加招聘会，四处找工作，现实的压力穿过大学这个象牙塔的保护投射过来，压得他焦虑而急切。

这个时候，林婉秋不仅没能抚慰他烦躁不堪的内心，反而一个劲儿地给他添堵，今天说闺蜜的男朋友送了闺蜜一个很好看的包，要陈皓轩圣诞节的时候送她一个更好的，明天又说哪家饭店推出了新菜式，要陈皓轩赶紧带她去尝尝。

陈皓轩被她烦得不行，就说了气话："你能不能消停一会儿？成天就只知道玩玩玩，吃吃吃！你来上大学，就是来玩的，是吗？让你去上自习，让你好好听课，你也不听话，你看看你的专业成绩，挂了多少科？你能不能稍微懂事一点，别再像个孩子一样了？"

林婉秋的眼泪来得比山洪还快，她很委屈的说："可你原先不是说，就喜欢我像个小丫头那样可爱吗？"陈皓轩说："你十八岁的时候像个小丫头，是可爱，可你现在都二十岁了，该学着成长起来了。如果一辈子都长不大，还在幼稚，那不是巨婴是什么？"

这次争吵过后，他们冷战了很久。在此期间，陈皓轩仔细地回忆了他们认识以来发生的一切，他发现，时间如水，载着他们一路向前，他成长得更成熟了，可林婉秋还是那个不谙世事、单纯天真的林婉秋，一点儿也没有长大。他们之间已经产生了严重的错位，他没有办法再去爱那个始终停留在原地、和他不再有共同语言的她了。

他终于想清楚了，决定和林婉秋分手。在发给林婉秋的最后一条短信里，他很认真的对她说："秋秋，我这几年接触的人和事越多，我越发现了，人是不能停止学习，不再成长的。社会在变，时代在变，我也在变，你要是始终停在原地，不能和我一起变得更好更优秀的话，我们的爱就会变了。很高兴，遇见你；很遗憾，我只能送你到这里了。希望未来的路，没有我的庇护，你能试着自立，变得成熟，尽快强大起来。"

03

我上高中的时候，教我们的语文老师和历史老师是一对夫妻，他俩都是温柔宽厚的人，身上有一股浓浓的书卷气，更让人羡慕的是，他俩结婚十几年了，依然恩爱如初。

他们俩有两个最大的共同爱好，一个是读书，另一个是旅行。

我曾有幸受邀去他们家做客，他们家的书房里放了三个书柜，都装得满满当当，还有很多书实在放不下，只好摆到了地上。他们平时没事的时候，最喜欢在阳台的躺椅上看书，一人躺一个躺椅，各捧着一本书，看到了高兴处，就与对方分享。

他们品书为乐、共读同趣的样子，让我不由得联想到了李清照和赵明诚夫妻俩"赌书消得泼茶香"的佳话，一样的心灵投契，一样的情投意合。

学校放寒暑假的时候，他们就开车出去自驾游，这么多年下来，大半个中国都留下了他们的足迹。每到一个新的地方，他们就停下来，寻访古迹，体验民俗风情，饱览自然风光。在相携相伴的旅行里，他们增长了见闻，更深化了感情，培养出了难得的默契和知心。

互联网浪潮来临时，他们是学校里第一批大胆试水的老师，两人一起尝试新鲜事物，互相印证，最后，无论是多媒体教学，还是微课，他俩都信手拈来，一点也不落伍。

好的爱情，正当如此啊！两个人透过对方，看到了人生更丰富的可能性，一起前进，共同成长，在爱情里前往了更广阔的天地，都变成了更优秀的人，也把爱升华成了更有内涵和底蕴的爱。

04

多少同林鸟，最后变成了分飞燕。多少互道晚安的情侣，最后躺在了彼此的黑名单里。多少感情，最开始的时候你侬我侬，深情缱绻，最后却闹得曲终人散，形同陌路。

在这些感情的风流云散里，现实原因有之，性格因素有之，而其中最让人惋惜的就是，本来很搭调的两个人，就因为成长步调的不一致，最终去往了不同的方向，哪怕曾经爱得很深，也只能黯淡散场。

好的爱情，应该是可以让你通过一个人看到更广阔的世界，而不是你为了一个人舍弃了你原有的世界。

你爱的那个人，他的身上应该既有你缺失的美好，让你向往，想要靠近，也有和你共鸣的部分，让你亲近，觉得默契。你们两个人走到一起，除了给予彼此心灵和身体上的慰藉，还应该彼此完善，互相成就。

好的爱情，不是要你们一直做同一件事，而是两个人在各自的领域都获得了更大的提高，取得了长远的发展，都变成了能量更充沛的人。

你的心愿，他能看到，并努力帮助你达成。他的梦想，你能理解，全力支持他实现自我。在追梦的路上，两个人一起努力，没有谁偷懒拖后腿，赖在地上，不肯再往前走了。

能共同成长的情侣，大多都走到了幸福的结局，而有人成长有人停步的爱情，最终很难获得一个圆满的收场。至于那些两个人都不思进取、一起颓废的情侣，相信用不了几年，他们就会深刻地体会到，什么叫做“贫贱夫妻百事哀”。

仔细想来，这世间，没有哪一种爱，是你不需要成长就配得上拥有的。爱情这么美好，你不努力成长，变得更好一点，是很难享受到它的美妙的，不是吗？

一起努力赚钱开心花钱
才是最高级的浪漫

01

西西发微信问我，有没有什么写稿的活儿或者微信公众号的广告可以介绍给她。我想劝她不要这么拼，想了想，最后什么话也没说，只是给她发了几个编辑和广告商的微信名片。

我不劝，是因为我知道，西西没有办法不拼，谁让她摊上一个不成器的男朋友呢？

西西是一名高中语文教师，工资虽然不是很高，但也不算低，养活自己没有问题。西西的男朋友是一名公务员，工资比西西稍微高一点。体制内的工作旱涝保收，如果不买房的话，两个人的收入在这个城市里还是能生活得不错的。

他们俩现在租住在四环外的一个老旧小区里，西西一直想早点买房，哪怕房贷要还很多年，但有了房子，在这个寸土寸金的城市就有了自己的家，不再是一个漂泊于此的异乡人了。可是，在高昂的房价面前，就靠那点工资，他们想攒出首付来无异于痴人说梦。

西西的男朋友对于现状还算满意，因为他每天的工作相对来说比较轻松，有稳定的工资和福利，更何况，他还有一个既美丽动人又大方得体的女朋友。如果不是他的女朋友西西总是鼓励他发展第二职业、多赚点外快的话，那么，生活对于他来说就很完美了。

西西说过男朋友很多次，要他和她一起努力，多赚些钱，早点买房。男朋友很不以为然，说租的房子不一样住得好好的。西西说，我们现在住在别人的房子里，房东要是不高兴租了或者想换人，随时可以让我们滚蛋；而且租住在这里，你说这房子我们是装修呢，还是不装修？不装修的话，房子老旧，已经不好住了，可装修的话，这不是替房东出钱吗？

她男朋友听了很不高兴，讽刺她就是嫌弃他没房没车，还说她如果那么喜欢房子的话，就去找个有房的男人嫁了啊！

每次提赚钱这个话题，最终两人都会闹得不欢而散，所以，西西后来也就不再管男朋友了。她男友倒也乐得耳根清净，下了班就在家里玩游戏，或者出去和朋友聚会，胡吃海喝。

这可就苦了西西了。西西不甘心一辈子都只能租住在别人的房子里，她希望未来能有一个自己的家，想怎么装修就怎么装修，想怎么布置就怎么布置。可对于男朋友的不求上进，她无可奈何，只能自己拼命努力，想方设法多赚钱。

在学校的工作之外，她还趁周末和寒暑假去作文辅导班上辅导课。汉语言文学专业出身的她文笔不错，于是她开始利用业余时间写作。有时，为了上一个下午的辅导课，她需要坐地铁穿越大半个城市。可她还是挤上地铁过去了，一路上，在拥挤的人群里，她艰难地用手机继续写作。

无论稿酬多低，哪怕低到千字二十块，只要有稿约，她都接过来写。就在上下班的地铁上，她用三个月的时间完成了一部十二万字的书稿。她拼搏的精神和顽强的毅力让我们这些作者朋友在佩服之余又感到心疼。

一个女孩子在努力奋斗的路上孤身一人，最亲爱的那个人原本应该是她的同行者，和她一起努力，给予她信心和支持，陪伴她走过那段为未来积攒力量的艰难岁月，可是，她的男朋友却躲在了自己的舒适区，不思进取，不愿意和她一起努力赚钱。

这样的爱情，少了相濡以沫、共同患难的彼此扶持鼓励，又怎么经得住人心的转移和时间的洗礼?

02

不能共患难、同吃苦的情侣，生活随便拍打过来一个浪花，他们就可能被冲散，而能够共同努力却不能安然享受生活的美好的情侣，也很难爱得幸福甜蜜。

小羽的男朋友大学那会儿是院学生会主席，小羽会喜欢上他，除了他在社团活动里展现出来的领袖气质，还有一个很重要的原因就是他足够上进，也十分努力。

他从一个贫穷落后的小山村里走出来，十年寒窗苦读，考入了这所名校，又以自己的才干赢得了老师们和同学们的一致认可，从学生会的普通干事一路成长，最后升任主席。

他学习用功刻苦，每年都拿到了国家奖学金，在课余时间，他还去找各种兼职来做，发过传单，做过家教，卖过蛋糕，端过盘子。从小穷怕了的他深知金钱的宝贵，因此，他想尽一切办法去赚钱。

认真的男人最有魅力，小羽很欣赏他的上进和努力，就答应了他的追求，做了他女朋友。谁知道，和他在一起之后，小羽却过得很不顺心。

小羽虽然家庭富裕，但也不是那种爱慕虚荣、贪图享受的姑娘。相比于排场和面子，小羽更看重的是生活的品质。换季的时候，小羽去商场里精挑细选，买了一件款式好看质量也很好的大衣，高高兴兴带回家之后，她男朋友拿起衣服的价格标签一看，脸色就瞬间晴转多云。

他说："你衣柜里的衣服已经很多了，你怎么还成天买衣服？"相比于男生，小羽的衣服还可以说有点多了，但跟其他女孩子相比，并不热衷于购物的小羽的衣服绝对算比较少的了。小羽反驳说："我哪里有成天买？我最近这三个月就买了这一件。"他说："你们女生的衣服换得勤，就穿个款式而已，买两千多一件的不是可惜了吗？"

小羽总算看出来了，原来他就是觉得小羽衣服买得贵了，他看着肉痛。可是，这花的是小羽自己的钱，小羽给自己买件好点的衣服过冬，这又怎么了？小羽买那么贵的衣服自然有她的想法，她是觉得便宜的衣服穿不了几次就起球起皱，看着都掉价，还不如少买几件便宜的，攒钱买一件款式经典不容易过时的、质量好穿起来也舒服的衣服。

类似的事情还有很多：小羽和他在一起之后，就没吃过几顿好的，偶尔出去都是吃路边摊；电影也很少去看了，他说网上都能下载到，还去电影院花那冤枉钱干啥，可电影院的氛围和在家拿电脑看，那能一样吗？

他的主张就是，吃穿用度都要省钱，节省一切他认为不必要的开支，实在要花钱，那就买最便宜的。小羽在金钱观念上和他产生了严重的分歧，小羽赞成不要乱花钱，但一些提升体验感受、改善生活品质的钱也不能花，要去过苦行僧式的生活，小羽实在难以接受。

小羽曾经劝过她男朋友说，我们努力赚钱不就是为了生活得好一些吗？为了攒钱，过着最低配的人生，好的东西舍不得吃，贵的衣服不敢买，日子过得这么拧巴，哪儿还有拼命努力的动力呢？她男朋友说，现在多吃点苦，以后有钱了就能享受生活了。

小羽无奈地苦笑说，那如果我们一辈子也不会有钱，始终过不上富贵的生活呢？是不是就永远都像现在这样压抑自己的渴望、无视自己的需要，过着委屈自己的生活？

在他们因为花钱爆发了无数次争吵之后，小羽才明白，以前婚姻都讲究门当户对是有一定道理的，因为这样至少可以保证两个人的金钱观尽量一致。像她男朋友这样穷苦人家出身的孩子，有太多是穷到了骨子里，觉得自己在有钱之前都不配享受好的东西，不敢去过更舒适更美好的生活。

03

去年我出去旅游的时候，在九寨沟遇到了一对青年夫妻，他们是从云南开车，一路自驾游过来的。因为聊起来很投缘，住的酒店也是同一家，在九寨沟的那几天，我们都约着一起去游逛。

在交谈中，我得知他们的经济条件并不宽裕，还背着十五年的房贷和五年的车贷要还。他们俩都是寒门子弟，大学毕业后，努力工作了好几年才凑够了首付，先买了房，后来又买了车，在省城安顿下来。

在攒钱买房的那几年里，他们拼命工作，先后在公司里获得晋升，职位升了，工资也涨了，离他们的房子越来越近。当时，他们就商量好了，努力赚钱之外，也不能在辛苦的日子里亏待了自己，每年都要拿出一部分钱用来犒劳自己，获得精神享受。

他们隔一阵子就会去约会游玩一次：在西餐厅吃顿烛光晚餐，在游乐场尽兴玩一天，去电影院看场好电影，或者来一次三五天的短期旅行，不管怎样都好，重要的是，两个人一起开心地花钱和花时间，享受生活的美好和爱情的甜蜜。

我问他们为什么不缩减开支，好早日还清贷款，那个丈夫摇了摇头说，有些钱是不能省、必须花的，如果我们不趁着现在年轻，有热情也有精力时去做自己喜欢做的事，真等房贷还清了，以后手里有钱了，那个时候，很可能我们拿着钱也没有心思和体力去玩去逛了。

他的妻子接过他的话，说："忙着低头赶路的时候，也不能忘了偶尔抬头看看天上的月亮啊！你看我们现在出来玩，是花了不少钱，可花钱买来的两个人共赏美景、共度美好时光的这份体验，就让之前赚钱时的一切努力都值得了。"

04

孟非曾经说过，有两种人是值得佩服的，一种是年轻时陪男人过苦日子的女人，一种是年长时陪原配过好日子的男人。

这两种人之所以值得敬佩，是因为生活中多的是嫌贫爱富抛弃穷困的男人的女人和有钱了之后嫌弃结发妻子另觅新欢的男人，真正能够与爱人同甘共苦的人就少了很多。

在窘迫的时候，能够一起奋斗、共同进退，这需要两个人有着共同变好的决心，更需要两个人都深爱对方，愿意陪对方一起吃苦，一点一点的积攒力量，把生活过好。

在富裕的时候，能一起开心花钱、不丢下对方，这其实也很不容易。因为，穷困的时候，两个人的目光更多的都是向外的，在积极的寻求赚钱的机会，两个人之间性格认知上的矛盾就因此被掩盖了，而在有钱了之后，外部压力减小了，注意力重新回到两个人的关系上来，就很容易发现两人之间不和睦的地方。

其实，生活的甘甜和苦楚何必按照现实条件来分得这么清楚？即便条件窘迫一点，只要两个人相亲相爱、目标一致，不也能苦中作乐吗？同甘和共苦不一定要分成人生的两个阶段啊！努力奋斗和诗意的栖居并不矛盾，在寒碜的日子里享受生活，一样可以笑出声来。

不愿意趁着年轻拼搏奋斗，和你一起努力赚钱的人，不思进取，不值得你用心去爱；而和那些不懂得和你一起开心的花钱花时间去享受生活的人恋爱，你也很难感受到人生的美好和惬意。

两个人一起努力工作，好好赚钱，赚了钱再开开心心地花钱，改善生活品质，让爱情的体验来得更美好一些，这才是爱情里最高级的浪漫啊！

你能不能放下手机
听我说说话

01

去年年底，高中同学聚会的时候，我兴致勃勃地去了。多年不见，我真的很想念那些曾一起疯一起闹一起哭一起笑的同学，他们印刻在我的记忆里，纵然时光荏苒，他们的笑脸依旧清晰可见，从未褪色黯淡。

到达酒店，有些同学先到了，我上前去打招呼，跟他们随便聊聊天，说说以前的趣事，也问问彼此的近况，总算找回了一点昔日亲密无间的感觉。

过了一会儿，人差不多到齐了，服务员开始上菜，画风就渐渐不对了，不少同学都拿出手机来拍照，发朋友圈，说话的声音小了下去，只听得到拍照的快门声和狂摁手机的声音。

班长招呼大家开吃，我们纷纷动筷，席间我几次试图挑起话题，活跃气氛，可场面一直热不起来，因为隔会儿就有人掏出手机，看看有多少人给自己点赞，顺便回复下别人的评论消息。没玩手机的那几个同学倒是很专心，一个劲儿地猛吃，看他们吃得那么着急，我都不忍心找他们搭话。

吃完饭之后，我们转战KTV。我原以为吃饭的时候闷一点，去KTV玩肯定能嗨起来，没想到对于那些低头族来说，吃饭也好，唱歌也好，都只不过是换了个地方玩手机而已。去点歌的总是那几个麦霸，其他同学都掏出手机来，专心致志地在玩。

我上前去鼓动说，难得大家出来聚一次，去点歌嘛，点几首自己拿手的，好好唱唱玩玩。他们嘴里应付着，嗯，嗯，一会儿就去点，手里的手机依然不肯放下。

这真是一次沉闷无聊的同学聚会，简直是毁回忆。印象中那些活蹦乱跳的同学，那一张张青春洋溢的笑脸，如今变成了一张张在手机屏幕的亮光里一动不动的僵尸脸。

我们同学一场，各奔东西之后还找机会聚拢在一起，不是为了让你们换个地方玩手机，而是想要大家一起聊聊天，聊过去聊现在聊未来都好，一起玩闹，猜拳劝酒、三国杀斗地主都行。

只要大家都参与进来，共同分享这短暂的半天时光，就能舒缓一下紧绷的、麻木的神经，重拾曾经的轻松和欢快，让以后独自前行的路不再觉得孤单。

02

我现在回家都会关掉手机的网络连接，每天只在早中晚各留出十分钟连上网络，处理下邮件和消息，其他时间尽可能地多陪父母。

以前我回到家，大多数时候都坐在沙发上或躺在床上玩手机，父母做好饭了叫我去吃，我边吃饭边玩手机。爸妈让我少玩手机，我翻个白眼，不屑地说："什么叫玩手机？我在处理邮件和信息，这是在工作！我阅读文章和小说，这是在看书！我拿手机是做正事，哪里玩了？"父母只好讪讪得闭口不言，不再说话。

前段时间，我回家的时候，妈妈拿着手机过来，让我教她上网，用微信。我随便指点几下，妈妈还是不懂，我就没了耐心，吼她："这都学不会？你怎么那么笨！"妈妈像个犯了错被训斥的孩子一样，低下头，手局促不安地搓着衣角。

妈妈那委屈惭愧的样子深深刺痛了我，我立刻后悔自己出言不逊了。我突然想起了，我小的时候不会系鞋带，妈妈教了几次，我还是学不会，于是，妈妈一遍又一遍地教我，系上又解开，让我反复地练习。简简单单的系鞋带，妈妈教了我半个下午，她的话语始终温柔，脸上带着笑，没有一点不耐烦。我终于学会了，自己成功系上鞋带的时候，妈妈把我抱起来，高兴地在空中转圈，年幼的我也开心地咧开嘴笑了。

我说：“妈，对不起，我说慢点，你注意看，是这样的。”妈妈很认真地看着我操作，用心地记着。反复教了几次之后，终于学会发微信的妈妈给我发了她人生中第一条微信：“宸宸，开心点，你要过得好。”我转过身，抹了抹眼角，忍住了，没哭。

几个星期后的周末，回到家的我又一次盘着腿，在沙发上玩手机。一条消息进来了，是妈妈发的。我很纳闷，妈妈不就在隔壁屋吗，有什么话，直接跟我说不就好了，干嘛发微信？我点开一看，妈妈说：“宸宸，看你又瘦了，在单位工作的时候你要多吃点啊！钱别省着花，不够了跟妈说。”

我突然明白了几周前妈妈为什么会让我教她用微信，她不是一时的心血来潮要赶时髦，她只是想要和她的儿子聊聊天。因为她的儿子从来不会好好跟她说话，所以，她只能通过发微信这种方式来表达自己的关心。

不玩手机，我会死吗？我是有多不孝顺，才会让我的妈妈需要如此卑微如此费劲地来和我沟通？

后来，再回家的时候，我很少碰手机了。因为我终于明白了，父母才是护佑我的天空和托举我的大地，才是我最需要关心在乎的人，玩手机哪儿有陪伴父母重要？

03

值得高兴的是，身边越来越多的人摆脱了对手机的依赖，懂得了真实的人际交往远比手机里的掌中世界更重要。

馨馨的男朋友张辉，是个靠谱的男人，馨馨对他赞不绝口。馨馨说，他俩在一起的时候，张辉从来不玩手机，馨馨说话时，他都会温情地看着馨馨，认真地倾听，他那含情脉脉的眼神看得馨馨心都化了。

想到约会时不玩手机都能算一个男人的优点，我觉得真好笑。转念一想，如今能做到这一点的男人可真不多，我又一下子笑不出来了。

一起吃过几次饭之后，我和张辉混熟了。有一次，我取笑他，说他是不玩手机男人。似乎触动了他内心某个隐秘的按钮，他有点伤感地向我讲述了他的上一段感情经历。

他和他的前女友是大学认识并恋爱的，一起走过了纯真的校园生活。那会儿，两人真是好得如胶似漆，无话不谈，有什么开心的或难过的事都要第一时间向对方倾诉分享。毕业后，工作的压力如潮水般涌过来，再加上早已过了热恋期，彼此熟稔得如同左右手，他对她的话题不再兴致勃勃，转而刷起微博和朋友圈，热衷于在网络中寻找存在感和乐趣。

她说："晚上我们出去吃饭吧？"他玩着手机，点头，嗯。她接着问："你说我们是去吃火锅还是去吃西餐？"他问："你刚才说什么？"她重复了一遍："我说我们出去吃火锅吧！"他点头，嗯。她问："吃完火锅，我们要不顺路去看电影吧？"他抬起头，很茫然地问："什么？"

为此，她抱怨过，生气过，他每次都认错说自己会改的，可下次还是这样。后来，她在他玩手机的时候就很少跟他说话了。再后来，她提出分手，他仿佛还活在梦里，追问为什么。她眼泪流成了一条河，哭着喊："你这么爱玩手机，怎么不去和手机过一辈子？"他诧异，难以置信地问："你就为了这个和我分手？"

她说："你连我们之间出了什么问题都不知道！你以为就玩手机一件事吗？你知道我现在穿的这件衣服是什么时候买的吗？你知道我在公司已经升职成主管了吗？你不知道！除了你的手机，你什么都不知道！"

回忆起这段感情时，张辉的眼睛里氤氲着一团水雾，他的声音变得很低，仿佛一只受伤的小兽。他发出一声若有若无的叹息，说："我用了一段曾经多么美好的感情来交学费，才明白了，这不是玩不玩手机的问题，而是是否把对方放在心上，关心对方的情绪，照顾对方的感受和需要的问题。玩的是手机，丢的却是感情，这样的错，我一辈子犯过那一次，就够了。"

04

有多少人，最该关心的人就在身边，却只会抱着手机直到永远？

亲密的朋友，至亲的父母家人和挚爱的爱人，都是我们生命里足够重要的人，他们给了我们安慰和依托，关心和陪伴，温暖和幸福。可我们给了他们什么呢？一个低头玩手机的背影，还是一份几乎缺席的关心？

微博和朋友圈是刷不完的，热播影视剧是追不完的，手游也是玩不完的，你玩手机时做的那些无聊事，晚一点做没什么，不去做也没什么。可如果一颗心在你的冷漠和疏忽里变凉了，你再怎么去焐，也很难再热起来了。

身边最亲近的人，他们不是一个个冰冷的符号，而是一个个和你有着密切的情感连接的人。他们分享你的喜悦，也分担你的忧虑，感受你的悲伤。他们关心你飞得高不高，更在意你飞得累不累。他们的人生轨迹与你有着大段大段的交叉和重叠，你们参与到彼此的生命里，是对方记忆里最柔和也最坚定的光芒。

友情、亲情和爱情，就像你的情感世界的三根擎天柱，它们支撑起了你的广袤和高远，你的喜乐和幸福。朋友、亲人和爱人，没有哪一个是你能缺失的，是你愿意丢弃的。可感情也是需要维系的，关心更是要相互的，你能不能把你的目光从手机上挪开，也好好地看一看关心着你的他们？

陪身边的人说说话吧，好好和他们吃一顿饭吧！看着他们的眼睛，倾听他们的声音，温暖的笑，轻柔的问，感受他们的情绪，看见他们对你的需要，回应他们以爱和关怀，让感情在你们之间循环流动，不断壮大，变得深厚，永不枯竭。

毕竟，真正能陪伴你度过漫长时光、给予你温暖慰藉的，是他们，而不是手机，对吗?

从前车马都很慢
一生只够爱一人

01

十年前的今天，我的爷爷去世了。

临终前，一家老小围在床前，都不说话，神色悲戚。沉重的空气里，爷爷的声音气若游丝。身后事交待完之后，爷爷艰难地偏了偏头，看向奶奶。

奶奶往前挪了挪，抓住爷爷的手，满面皱纹的脸早已被眼泪打湿。爷爷呆呆地看着奶奶，仿佛要用力地记住奶奶的样子，哪怕去了另一个世界，也不容许自己忘记。目光里，是眷恋，是怜惜，是愧疚。

缓了缓，爷爷跟奶奶说："娟儿啊，我要走了。我对不起你。七十年前，把你抢来，后来你跟着我受了很多苦。现在，又留下你一个人。就这样留你在我身边那么多年，对不住你。但让我再活一回，我还是要娶你，不管你愿不愿意。好不容易过上没有你的日子，你可千万别急着来找我。”

奶奶哽咽着，话都说不清了：“老头子，你别惦记我，我不怨你了，真不怨你了，要有下辈子，你不抢我也跟你走…”

爷爷听了奶奶的话，鸡皮一样皱巴巴的脸上，焕发了喜悦的荣光，那笑容就像小孩儿得了喜爱的玩具一样。

目光一一扫过屋里的众人，爷爷仿佛困倦已极，轻轻地闭上眼，睡着了，再也没有醒过来。

02

七十年前，不，加上爷爷过世这十年，是八十年前了，爷爷是云南一个小镇里地主家的少爷，家里近百亩地，生活优渥。二十岁的爷爷无所事事，成天游手好闲，十足的纨绔子弟。

当时，奶奶才十八岁，正是含苞待放的年纪，娇嫩欲滴。虽是佃农之女，生活困苦，每日劳作，但粗布衣衫也遮掩不了奶奶的秀丽。正值青春的奶奶浑身散发着少女的天真烂漫，好巧不巧的，就被外出游玩的爷爷看上了。

爷爷和奶奶所在的村镇相邻。作为地主之子的爷爷很容易地，就找到人前去奶奶家说媒。任媒人把爷爷夸得天花乱坠，无奈爷爷的劣迹实在是臭名昭著，奶奶死活不同意。外曾祖父也不愿意把自己的黄花闺女嫁给这样一个二流子。

爷爷给奶奶家的地主送了礼钱，让他不要再把地租给奶奶家。几番折腾下来，几乎等于断了奶奶家的生计。穷苦社会，身处底层的外曾祖父求告无门，最终只得把奶奶嫁给了爷爷。

奶奶怀着深刻的恨，进了爷爷的家门，很多年里，几乎不与爷爷说话，也从未给过爷爷好脸色看。

原本的日子虽苦些，可也开心自在，却被恶少强娶。换了谁，也定如奶奶这般怀恨在心，对爷爷无半分好感。

03

谁也没有想到，娶了奶奶，爷爷就像变了个人似的。赌场不去了，也不去寻花问柳了，每日守着奶奶，好吃好喝的伺候着。

1936年，小日本鬼子的脚已伸进了国门，时局动荡，人心惶惶。好在云南偏安一隅，倒也让爷爷奶奶过了几年安生日子。

奶奶佃农出身，深知佃农的苦楚。生性善良的奶奶最看不惯地主对佃农的残酷盘剥。

爷爷随了奶奶的心，也变得宽厚起来，几次减了租子，还不时接济一下贫病交加的乡亲。渐渐的，口碑竟然有所改观。乡邻都说，奶奶贤惠善心，才使得爷爷浪子回头。

议论传到爷爷耳边，爷爷得意地回头向奶奶邀功。奶奶并不买他的账，把俊俏的脸别了过去，但神色缓和了许多，不再冷冰冰的了。

奶奶告别了劳作，也没有闲着，四处帮衬乡亲，行善积德。爷爷时有帮忙，但内心终究是地主习气作怪，并不认可奶奶的善行。

他又怎么知道，若不是娶了奶奶，奶奶这般与人为善，他后世又怎熬得过那阵狂风暴雨?

04

时光荏苒，十几年过去了，爷爷奶奶虽然情感不睦，但膝下还是有了大伯和大姑二姑这一儿两女。儿女的出世，多多少少冲淡了奶奶对爷爷的恨意，转而把热切的母爱倾注到儿女身上来。

云南解放，土地改革的时候，爷爷家的土地被分了出去。因着奶奶的善良和好口碑，爷爷并未被过多为难。

日子真正变得艰难，是往后的一系列政治划分和批斗。爷爷作为地主，自然少不了被批斗。

当时，有很多人劝奶奶，当初你是被强娶过来的，不是自己的意愿，趁这个时候和他划清界限，自己带着儿女单过，或者找个贫下中农改嫁，也犯不着跟着受罪。

倘若奶奶恨意未消，这个选择是很容易做出的。也许是几十年的陪伴，将仇恨碾碎在岁月的长河里，相濡以沫催生了淡淡的坚韧的情愫，奶奶并没有这么做。

奶奶婉拒了劝解者们的好意，坚定的说："我是他的女人，他是我孩子的爸，这是改不了的。我和他以往对乡亲们都善心善意，还望大家念着点旧日情面，别斗他太狠了。他年纪大了，身体不太好，可受不住。"

怎么批斗，都没流过一滴眼泪的爷爷，听到了奶奶的话，眼泪像断了线的珠子一样，止都止不住。

嘴唇动了动，嗫嚅着想要说点什么，可最终，什么都没说。只是深深地，深深地，看着奶奶。

奶奶也看回去。温存的目光点燃了爷爷的希望。爷爷最终没有被打垮，坚持了下来，生活又有了盼头。

05

改革开放后，土地下放，曾为地主的爷爷又拥有了土地。他和奶奶带着一众儿女们扑在土地上拼命干活，没几年，家里就不愁吃穿了。

市场经济活络起来以后，爷爷虽然年岁大了，但眼光依然很毒辣。他告诉叔伯姑姑们，守着土地，饿不死，但会劳累一辈子，鼓励他们走出去，往市场里讨生活。

时间证明了爷爷的远见。从大伯，大姑，二姑，爸爸，到二叔，小叔，小姑，都过上了相对不错的日子。包工头，小超市老板，饭店老板，汽修店老板，生意不算大，但生活也并不窘迫。

儿女们生活安定后，爷爷奶奶就彻底闲了下来。儿女孝顺，物质上从未短缺过二老些许，也时常前来照看陪伴。

爷爷奶奶相依相伴，安享晚年。

小时候，我记忆里最多的画面，就是爷爷牵着奶奶，慢慢地，慢慢地，在村里走来走去。跟老王头问问今年的收成，跟张大爷说说儿女的前程。

有时候，他俩哪儿也不去，就顺着墙根，躺在摇椅上，晒太阳。年岁衰老了他们的身躯，瘦弱的他俩挤在摇椅上，手拉着手，有时说一两句，更多的时候，什么都不说。

时光和阳光一道，漫过他们的身体，在地上投下了一个依偎着的身影。

06

爷爷走后不久，奶奶也走了。奶奶走得很安详，嘴里念叨着："上次是你强娶了我，这次也该我强硬一次。你再不乐意，我也要来陪你啦，老头子。"

长大后，我爱过别人，也被爱的人伤害过。红尘里几遭翻滚，更懂得了爱恨，这才明白了爷爷奶奶羁绊的纠缠的一生。

奶奶起初恨极了爷爷。强娶这种事，搁谁谁都恨得牙痒痒。

这恨，就像一枚尖锐的图钉，横亘在他们中间。爷爷每次靠过去，都会被扎得鲜血淋漓。

爷爷不气，也不恼，笑嘻嘻地，用柔情，用蜜意，去包裹仇恨的钉尖。年岁日久，爱意愈浓。终于，把仇恨裹得严实，裹成了一颗莹润的琥珀。

奶奶的恨意在爱的琥珀里左冲右突，挣扎不得，终于平静下来。

就像钢筋平静于混凝土的包裹。

爱的琥珀，反倒因为曾经的图钉，变成了坚韧的存在。抵得过世事的变迁，抵得过时光的蹉跎。

少在爱情里走神
你们才能相伴一生

01

苏钰的朋友不止一次的感慨过苏钰的父母给她起的这名字真是贴切。

“钰”字在汉语词典里的释义，其一是“珍宝，宝物”，其二是“坚硬的金属”。这两条释义落在苏钰身上都妥帖无比。苏钰是个好姑娘，活泼开朗，待人真诚，做事也很努力，这么好的姑娘不是珍宝是什么？她人虽然看起来很随和，但外圆内方，内心有自己坚持的准则，有股倔劲儿，谁要是以为她好欺负，敢来拿捏她，那他就会知道一个内心强大的姑娘到底可以有多坚硬。

内心再强硬的姑娘，心里也会有柔软的地方，也会有旖旎的渴望。方卓就恰好踏足了那柔软的地方，满足了苏钰的渴望。当他站在围成桃心的蜡烛中间，弹着吉他、唱着情歌给苏钰表白时，苏钰尘封的少女心从蛰伏里复苏了。

她走出宿舍楼、走向他时，脚步变得很轻很轻，眼睛越来越亮，真开口了，声音前所未有的卑怯："你这是干什么呀？"他没有回答，或者说，他走上来牵住她的手、把她拥入怀中就是回答。

方卓的脑袋里好像装着一个创意梦工厂，有数不清的鬼点子，每一个都能给苏钰惊喜或是惊吓。和他在一起之后，苏钰的心就像坐过山车一样，一会儿被高高抛起，倏忽间又往下坠落，她也不用担心，坠到底之前，准保有一只温暖的大手把她接住了。

这么刺激的恋爱体验对于苏钰来说，就像是打开了一扇新世界的大门，门里是她难以想象的精彩，她难以自制地往前一推，门就朝两边分开了，扑面而来的是令人心醉的浪漫。

靠在方卓宽阔的肩膀上时，苏钰多希望时间可以慢下来，就停留在此刻，不要再往前走，他们永远青春，也永远相爱。

过了一会儿，苏钰又改了主意，她又希望时间的指针快点往前拨动，眨眼间，他们就都已白发苍苍，身后是一生的相守相伴。

02

大学毕业后，苏钰不顾父母的反对，跟着方卓回到了他的家乡城市。北方姑娘苏钰刚到南方城市的第一天晚上就感冒了，她第一次知道，原来南方的冬天比北方冷多了。

北方零下十度是室外温度，有暖气供应的室内可以达到十五度，而没有空调和暖气的南方，气温零上两度那就是室内和室外都是两度，简直要把人冻成狗。

在她鼻涕横流、喷嚏不止的时候，一碗热气腾腾的姜茶停在了她面前，方卓俯下身来，摸了摸她的额头说，还好没发烧。他坐在床沿，一勺一勺地舀起姜茶，细心地吹了吹，喂到她嘴里。

伴着方卓柔润的声音——慢点喝，小心烫——苏钰觉得喝着的姜茶比蜂蜜还甜。姜茶蒸腾起氤氲的雾气，方卓的脸在雾气里看不真切，模糊的轮廓却给了苏钰莫大的安全感。

有时候，苏钰也在想，方卓这人，除了穷，真没其他缺点了。他既聪明又努力，很有上进心，对自己很好，也很有生活情调，哪怕生活并不宽裕，他也时常给她制造惊喜和浪漫。

这么好的男人，自己还有什么不满足的呢？一个人待在家的时候，苏钰这样问自己。苏钰叹了口气，是该知足了，只是看着狭小的出租屋，看着简陋的家具，苏钰的内心还是涌现起了一阵遗憾和失落，它们像雨一样洒下来，把苏钰浇了个透心凉。

苏钰出身在小康之家，虽然父母并非大富大贵，但因为她是家中独女，父母还是倾尽所能的给她提供了最好的生活。从小到大，她想要的都能得到，从来没有为钱发过愁。可现在，和方卓租住在这小小的出租屋里，她必须省吃俭用，恨不得把一分钱掰成两半花。

方卓对她很大方，一直叫她看上的就买，想吃什么就说，不要委屈自己，他会努力赚钱的。方卓说这些话的时候，内疚里藏着一丝悲愤，他是极其出色的男子，无论是学习还是工作，都不曾落后于人，可在现实面前，高傲如他也只能无奈地低下头来。

他相信自己总有一天能够出人头地，可这一天看起来似乎太过遥远，远到他都不好意思和苏钰一起憧憬未来，让苏钰能够望梅止渴，注意力暂时地脱离眼前的窘迫。

他唯有沉默，一言不发地去工作，去加班，去接私活，赚外快。苏钰看得到他的骄傲，他的隐忍和他近乎拼命的奋斗。几年的感情一路走来，方卓早已烙印在她心里，她又怎么会不心疼他，自然舍不得多花钱，生活里也是能省则省。

从菜市场里走出来，苏钰的手里拎着一棵白菜、几个番茄、几只土豆和一小袋鸡蛋。她挑下了班、天色将晚的时候来买菜，图的就是便宜。买这些菜蔬花不了几块钱，就能做三四道菜，够两个人吃一天了。

苏钰虽然以前没吃过苦，可到底是内心坚韧的姑娘，不是过不了苦日子的人，反倒还能把窘迫的日子打理得像模像样，充满了俗世里幸福的烟火气。

出了菜市场门口，她又想起了什么，折回去买了半斤猪肉。方卓最近看起来瘦了很多，怎么说也得让他见点荤腥，再怎么省也不能从他嘴里抠钱，营养要跟上，要不然，方卓那么辛苦，他的身体肯定吃不消的。

03

吃晚饭的时候，苏钰给方卓夹了几块肉，正要送到他碗里，方卓神秘兮兮地掏出来一个精美的小盒子，带着邀功般的笑容，得意地说："小钰，你看这是什么？"说着就打开了盒子，里面安静地躺着一条白金项链，做工精美，银光闪闪。

这条项链苏钰太熟悉了，没法不熟悉，每次上下班她都会经过那家店，她隔着橱窗远远地望着它，无数次幻想过自己戴上它的样子，那一定会很美吧？

它的款式很有设计感，透着一股高贵的气息。它的长度也正好合适，没有遮住苏钰秀美的锁骨，又恰到好处地在苏钰胸前隆起的曲线处戛然而止，惹人遐思。它已经不仅是一条美丽的项链了，它还是苏钰在捉襟见肘的生活里挨得最近的渴望。

在短暂的惊喜过后，冷静下来的苏钰生气了。她和方卓都不是小孩子了，不值得为单纯的喜好花费这么大的代价。她很清楚地记得这条项链的价格，价签上那个接近五位数的数字一度成为她可望而不可即的风，吹过她寂寥的梦。

方卓很明智地在她发火之前开口，目露喜色的他话语里有一种如释重负的轻快：“小钰，我升职了，薪水也翻了一番。这条项链一是因为你喜欢，二是为我庆祝，三是我想告诉你，我能做到的，我能让你过上好日子的，那一天不会太远了。”

苏钰被他说服了，替他高兴，事业的成功总算对得起他的付出了。可她的心里还是隐约有些不安，就好像她配不上这条项链似的，她说，这条项链买不买都没什么，可如果不买的话，这钱够我们三个月的房租了呀！

她的语气不是特别坚定，方卓知道她心里是高兴的，只是节俭的生活过了这么久，她舍不得一下子花那么多钱。这两年，她连衣服都很少买了，穿的好几件衣服还是大学的时候买的。那几件衣服当时买得不便宜——毕竟那会儿她还能伸手往家里要钱——质量挺好的，可学生时代的审美和职场白领的气质终究不搭，她穿着这样学生气浓厚的衣服平白无故就矮了别人一截。

方卓对她的理解和支持充满了感激，寻思着改天怎么着也得带她去买几套好看的衣服，要穿起来撑气场的那种，决不能让她在同事面前亏了面子。

04

谁知道，方卓想的改天带她去买竟然一直没能实现。方卓升职之后，工作上的事情比原来多了很多，还多了很多推脱不掉的应酬。

公司本就推崇狼性文化，鼓励员工主动加班，方卓能在工作短短两年的时候就升职加薪，其中很大一部分原因就是他常常留下来加班到很晚，承担了不少的活儿，完成得都很漂亮，工作能力高出组员一大截。

升职之后的方卓，连回家吃饭都顾不上了，要么就在公司加班，点份外卖了事，要么就是在饭局应酬，他酒量不好，常常喝得酩酊大醉，差点连家门都找不到，还是同去的同事把他塞出租车里送回来的。

最开始那阵儿，苏钰还等着他回家，后来，他回来得实在太晚，时间也不固定，苏钰白天工作晚上做家务也累了，就只能自己先睡了。

苏钰有时睡不着，在床上翻了个身，看到旁边放着的无人安睡的枕头，会有片刻的失神。

他们现在搬到了环境更好、离城中心也更近的小区，租的房子也比原来大了不少，平时的吃穿用度也不用再像以前一样斤斤计较了，按理说，日子比以前过得好了不少，可她却没有以前快乐了。

以前那会儿，日子虽然过得紧巴，可是两个人有说有笑的，小小的出租屋里回荡着他们的欢声笑语，有情饮水饱，也就不觉得有多苦了。

现在两个人连好好坐一起吃顿饭都经常时间凑不到一块，上次躺在沙发上、抱在一起看电视是什么时候，久远到苏钰都有点记不清了。只有一个人的房子显得空旷，冰冷，像座水泥监狱，困住了她。

05

江烨就是这个时候出现的。

他出现的时间太巧了，正好出现在方卓忙得脚不沾地，苏钰寂寞怅惘的时候。

在一次商务谈判里，苏钰作为经理助理得以前往，江烨坐在对面，就合同中的几项条件和经理讨价还价，来回交锋。苏钰心想，一个眉目俊朗的大男人竟然一点气魄也没有，互相让步一点不就谈成了吗，在那儿争来争去的，活像是在菜市场买菜，跟卖菜大妈为三角五角较真。

心里这么一想，苏钰嘴角就流露出一丝嘲讽的微笑，下意识地瞥了江烨一眼。没承想江烨也正好看过来，撞见了她意味深长的笑。苏钰正尴尬，不知道脸上的表情该如何收回来时，江烨朝她笑了笑，又转过头去唇枪舌战。

后来，又谈了好几次，那笔合作才最终谈成。达成意向后的饭局上，江烨顺着敬了一圈酒，到苏钰的时候多攀谈了几句，就算是互相认识了。

认识了之后，江烨就有事没事地来找苏钰，那会儿两家公司合作的项目还没结束，江烨以工作接洽为名找过来，苏钰也不好拒绝。等项目结束，两人总算是吃过几次饭，有了点交情，更何况江烨并没有出格的言语或举动，苏钰也就找不到合适的理由推脱不见。

苏钰曾经想过直接告诉他，自己有男朋友了，请他保持距离，转念一想，江烨一直都保持着不远不近的距离，也从未有过明确的表示，他都没追自己，自己又怎么好开口去拒绝别人。

苏钰一度有点怕见江烨，不知道该怎么相处，总觉得他对自己是有意思的，可他表露得又不明显。接触得多了，丢开先入为主的印象，再好好看江烨，苏钰才发现江烨其实真是个很不错的男人——成熟，内敛，为人温和，行事果敢，粗中有细。三十出头的年纪，正是一个男人收敛了锋芒、变得成熟睿智的时候，事业有成，风华正茂，虽然比自己大了四五岁，但这样的年龄差其实也没什么。

这个想法从脑海里冒出来的时候，苏钰被吓了一大跳。她狠狠地摇了摇头，一定是闲得慌，成天胡思乱想的，这都想的什么跟什么啊！

06

不久后，江烨所在的公司和苏钰所在的公司又达成了另一项合作，听说是江烨一手促成的。在和苏钰的经理接洽的时候，江烨有意无意地暗示说，助理苏钰专业过硬，应该完全能独当一面了。苏钰的经理乐见其成，就索性让苏钰全权负责这个项目。

因为项目需要，江烨有了极其正当的理由和苏钰相处。江烨在交往中分寸拿捏得恰到好处，既把关系往合作伙伴和普通朋友之上推进了一步，又在苏钰想驱赶他时抽身而退，回到了友谊的边界线上，让苏钰拿他毫无办法。

他如果长驱直入地进攻苏钰，以苏钰的性子，断然不会给他回旋的余地。可他始终这样若即若离的在苏钰身边晃悠，再加上他本就是优秀的男人，苏钰沉寂已久的心弦竟然被他撩拨起了阵阵颤音。

苏钰有时心里甚至会有一丝隐隐约约的期待，她希望江烨大胆一点，再进一步，做点什么。每次这样的想法从心底冒出来时，都被她自己很快地掐灭了。

她幽幽一叹，自嘲地想，也许真是被方卓忽视冷落的时间有点长了吧，自己空寂的心不甘寂寞，想要寻求温暖的慰藉，而江烨正好就是这样一个知冷热的体己人。想到这里，她对方卓难免生出幽怨之意，他已经很久没有像往常那样好好陪她，给她制造惊喜和浪漫了。

其实她心里也知道，这也怪不得方卓。相恋日久，褪去了热恋时灼热的温度，感情的河流渐渐趋于平缓，静水流深，这都是正常的。更何况方卓并没有变心，也没有出去鬼混，他这么拼命努力为的也都是他俩的未来。

前段时间，方卓带她去看了看新开的楼盘，让她选了自己喜欢的户型，付了首付。等到装修完毕，他们俩就能搬到自己的新家，而不用租住在别人的房子里了。

这要是放在以前，说什么她也不敢相信，他们能这么快的在这个房价高昂的大城市里买房安家。这一切，不都得多亏了方卓脚不沾地的拼命忙活吗？

07

在会议开完之后，江烨邀约苏钰一起吃饭，她犹豫了一下，看了看江烨坦然的笑容，还是答应了。

江烨在临江的高级餐厅订了位置，江风从窗口吹进来，带着一丝凉意，使人清醒。碰杯的时候，江烨说：“我觉得，女人就像这杯中的美酒，不会品味的男人鲸吞牛饮，根本没让女人绽放出本身的魅力，只有那些懂得欣赏和珍惜的男人，浅斟慢酌，才能品尝到女人十足的芬芳。”说这话的时候，江烨目光灼灼地看着她，他的眼神仿佛比阳光还热辣，烫得苏钰红了脸。

饭后，喝得微醺的两个人又一起去看了电影。江烨排队买票的时候，苏钰曾想过要不就回家去吧，不能再跟他在一起了，要不然，她很有可能会失控地滑向深渊。可她一想到回了家也只有她孤身一人，冷冷清清，凄凄惨惨戚戚，而此刻，眼前就有一个俊朗温柔的男子在讨她欢心，她不由得就收回了差点脱口而出的那句“我要回去了！”。

江烨选的是一部爱情电影，中规中矩的剧情，百看不厌的套路，恰到好处的煽情，都在无声地烘托着两人之间那微妙的气氛。电影看到动情处，江烨在黑暗里牵住了她的手，她略微挣扎了一下，没有挣脱，也就由着他握着了。

电影散场后，坐上了江烨的车，江烨没有问她去哪儿，也没有问是否要送她回家，更没有问她住在哪儿，只是把车往前开去。

两个成年人彼此心知肚明，都知道江烨这是在把车往他家开去，到了他家楼下，江烨势必会请她上去坐坐，而上去了之后会发生什么，那自然是不言而喻。

车里的气氛沉默得近乎诡异，两个人各有心事，都默不作声。苏钰几次想开口叫江烨停车，可话到了嘴边总觉得缺少点底气，也就没能说得出口。

想到接下来会发生什么，苏钰心里除了一丝若有若无的羞耻感，更充斥着期待。和除了方卓之外的其他男人做那件事，只是想想，苏钰都觉得紧张刺激。这种心跳加速的感觉，方卓已经很久没有带给她了。

08

就在内心被这种旖念塞得满满的时，苏钰的视线透过车窗，看到了那家首饰店，就是她上下班时无数次经过的那家首饰店。两年前，刚升职的方卓满心欢喜地从这家首饰店里买回了那条她期盼已久的项链。

那条项链现在还静静地躺在她的脖颈上，她伸手抚摸，戴了两年的项链依然很有质感，如果光线充足的话，还能看到这条项链上淡淡流动的银白色光泽。

方卓的笑脸闪现在她眼前，当时方卓微微笑着，笑得很暖，凑上前来给她戴上项链。他低头给她扣项链扣的时候，眼神专注而温柔。清爽的草木清香萦绕着她，那是他常用的洗发露的味道。在那一刻，她的内心极其满足，有一种迷醉的感觉，她忍不住歪过

孤独是生命的影子，

有影子才有眼前的阳光。

头吻了他。

她的脑海里犹如放电影一般投影出很多画面，这些画面刚从记忆的深海里捞起来，还湿漉漉的滴着水。

抱着吉他唱情歌向她表白的方卓，一勺一勺喂她喝姜茶的方卓，深夜穿上外衣穿过两条街道去给她买夜宵的方卓，接了几个月的私活攒钱给她买项链的方卓，拼命加班努力应酬就为了让她住上大房子的方卓……

这么多个方卓的影像重叠在一起，重叠成了今天早上还留了个纸条提醒她天转凉了要多穿衣服的方卓。她心里好像突然觉醒了一个洪荒巨兽，赋予了她强大的力量和勇气，这个洪荒巨兽就是她和方卓看似日渐寡淡实则逐渐深厚的爱。

她大声地朝江烨喊："停车！就在这！停车！"江烨听到她的呼喊，感到很意外，但还是听她的话，在路边停下了车。她几乎是连滚带爬地下了车，下得这么仓促，决绝的姿态就像是想要拿把刀往身后一斩，斩去今晚发生的一切，斩去和江烨有关的一切，斩去所有和方卓无关的一切。

江烨好心地探出头说："这个时候，在这个路段，很难打车的。要不，我送你回去吧！"刚说完，他似乎想起了什么，又补充了一句："回你家。"苏钰谢过他的好意，朝他挥了挥手，拿出手机，打开打车软件叫车。江烨笑了一下，笑容里有遗憾，也有自嘲，然后发动车子，走了。

09

回到家后，苏钰没有自己去睡，今天发生了那么多事，她心里很乱，她想等方卓回来。不论他回来得多晚，她都等，等到为止。

时间一分一秒地过去，夜色如水，把整个世界都淹没。苏钰盖着毛毯，抱着膝盖，靠在沙发上，就像一个孤岛，在等待归巢的候鸟。

她睡着了，做了个梦。梦里她又回到了大学校园，她还是活泼亮丽的青春少女，方卓还是带着一丝稚气和骄傲的穷学生，他们在夏日午后的香樟路下相遇。方卓朝她走过来，边上的草地里零零星星地开着几朵叫不上名字的小花，空气里弥漫着香樟的香味。方卓站到她面前，笑着对她说："同学，你好！我想，我即将爱上一个姑娘，她和你长得好像。"

她闻着香樟的清香，越闻越觉得特别好闻，就忍不住使劲嗅了嗅。她一扇动鼻翼，努力嗅闻，就一下子从梦里醒了过来。醒来才发现，原来真的很香，整个房间里摆满了各色各样的花，围绕着她的全是红色的玫瑰，她仿佛置身于花的海洋。

方卓单膝跪在她面前，温柔而深情地注视着她。看到她睁开眼睛，惊奇地环顾四周，方卓微笑着说：“醒啦？”她仿佛还在梦中，下意识地点了点头。

方卓牵起她的手，柔声说：“小钰，第一次见到你，我就知道，你就是我这辈子要娶的姑娘。你真是个好姑娘，这些年陪我吃了那么多苦，可你一句抱怨的话也没有。多少个独自在公司加班的夜晚，当我快撑不下去的时候，只要一想到你，我就又有了奋斗的动力。我想给你一场盛大的、浪漫的婚礼，我想余生都和你在一起，我想一辈子爱着你、陪着你、照顾你。小钰，嫁给我，好不好？”

苏钰以前也曾幻想过方卓向她求婚的场景，却从未想过方卓会在一片花海里向她求婚。方卓拿着戒指的手悬在空中，在等她的回应。时间仿佛静止了下来，短短的一瞬间，和方卓从相识到相恋再到如今的每一个印象深刻的画面都在脑海里交替闪过。

回忆着这七年的恋爱，她的内心变得柔软而湿润，涌起无限柔情，她眼睛里的世界也变得模糊了。她拼命点头，嘴里哽咽着说：“嗯！”

在方卓给她戴戒指的时候，她突然没来由地问了一句：“我刚才睡了很久吗？”方卓捏了捏她的鼻子，宠溺的笑着说：“没有啊，你就只是打了个盹。”

苏钰想起了与江烨之间近乎暧昧的种种，再看看左手无名指上闪烁着耀眼光芒的钻戒，她心里仿佛有一只无形的大手，把某一页经历翻过去了。一颗曾经空寂而躁动的心又缓缓地落回了胸腔里，变得前所未有的笃定。

她暗自庆幸，轻叹了一声，心里响起一个声音：“幸好爱情只是打了个盹，走了会儿神，幸好及时回到了两个人恩爱幸福的人生。”

愿意听你抱怨的人
一定对你爱得深沉

01

昨天夜里两点多钟的时候，熟睡中的我被一阵电话铃声吵醒了。我怒不可遏地抓过手机，想看看是谁这么没有眼力劲儿，都大半夜了还给别人打电话。看到屏幕上那个熟悉的名字时，我心中的怒意顿时消弭，就连睡意也从头脑里驱散，人瞬间清醒了大半。

电话是我的至交好友L打来的，他和我的友谊要追溯到十年前的高中那会儿。在繁重的学业压力下，两个少年忙里偷闲，一起打球，一起吃饭，谈论诗歌和哲学，憧憬远方和未来，交换心事和理想，互相陪伴，度过了那段彷徨迷茫的青春时光。经过了岁月的洗涤和沉淀，我们的友谊变得格外的清澈透亮、深厚绵长。

我知道他素来稳重，不是没有分寸的人，深夜打电话过来，必定是有要紧的事。接起电话，果然，电话那头的他极其消沉，长吁短叹。

他向我倾诉了他今年所遭遇的烦心事：先是投资失败，破产至一无所有甚至负债累累的境地，然后是相恋三年的女友劈腿，再后来，父母亲双双病倒，他一边请假看护，一边为医药费发愁。事业上失利，爱情上失恋，亲情上忧虑，这三件事中的每一件都算得上是人生的惊涛骇浪，更何况三浪齐至，强悍如他也承受不住，快被打倒了。

很长的一段时间以来，他独自扛下了所有的苦难，再多心酸委屈也打碎了牙往肚里咽，没有四处奔走，求告于人。即便亲密如我，他也没有告诉。他说，以我的性子，知道了他的事必定会鼎力相助，他不想亏欠我太多。

那么多的烦心事郁结于心，就像一团团黝黑的淤泥，散发着恶臭，腐蚀着他的心灵。他得了抑郁症，看不到生活的希望，就在刚才，他想到了去死。他被自己轻生的想法吓了一跳，终于决定打电话过来，向我这个老友倾诉。

我按捺下内心抑制不住的担心，尽量平和地安抚他的情绪，倾听他的诉说。就像大坝里蓄得越来越高的洪水终于找到了一个发泄的口子，他把内心的抑郁和苦闷、无助和消沉一股脑地向我倾泻过来。

如此之多的负能量汹涌而来，我的心情也被感染，变得沉重，仿佛有一块大石头压在心上，压得我喘不过气来，又像有一片乌云遮蔽了我的天空，黑云压城城欲摧。

可是，我没有厌烦和不耐，我的内心涌起一股温情，缓缓地流淌向他。把烦心事都说出来之后的他，在我的柔声安慰里，渐渐平静下来。虽然内心仍有难以排解的愁苦，但已不像之前那样汹涌澎湃，险些就要把他推到万劫不复的深渊。

东方发白的时候，我们结束了三个多小时的通话。他郑重地对我说："谢谢你！"我笑了笑说："咱俩还谢什么？能成为你深夜无眠时可以倾诉的那个人，我很高兴。我也没能多做什么，就只是听你抱怨了一些命运的不公和生活的残酷，可好朋友不是就该这样倾听彼此吗？"

02

朋友Daisy运营着一个情感公众号，时常有遭遇情感问题的粉丝在后台给她发消息，倾诉情感烦恼。Daisy是个温柔宽厚的人，只要有空，都会耐心开解，温言宽慰，帮助读者走出情感困境，直面自己的人生路途。

有一次，她接连安慰了两个陷于苦恋中的读者之后，又有一个失恋的读者发消息过来。一段刻骨铭心的感情的逝去，对于还深爱着的那个人来说，宛若削肉剔骨般痛彻心扉。那个读者一直在絮絮叨叨地讲述自己的爱情经历，自己有多么多么爱对方，对他多么多么好，结果他还是劈腿了。在讲述中，女读者的情绪既悲伤又愤懑，此刻她的眼里只有前男友对她的辜负和背叛，完全看不到生活中光亮的另一面。

起初，Daisy还努力地劝慰她，说了很多鼓励的话。可是，沉浸在失恋的痛苦里的女读者听不进去Daisy的安慰，依然在愤怒地谴责和控诉前男友。在和她聊天的过程中，Daisy被她的话语感染，不自禁地也想起了曾经被伤害的感情经历。

原本心情还不错的Daisy就因为几个读者轮番的负能量倾泻而变得心情低沉，尤其是最后这个失恋的女读者，挑起了Daisy的伤心记忆，让Daisy也被她的悲伤传染了。

Daisy自己的心伤尚且自顾不暇，女读者还在像祥林嫂一样不停地抱怨，有那么一刻，Daisy突然觉得特别烦躁，心里好像有个原本尘封的火药桶被纷纷前来抱怨的读者们从心底刨了出来，点燃了引线，轰的一声，把她自己炸得血肉横飞。

她拉黑了那个不停的抱怨的女读者，并且做了个决定，以后不会再做读者们的情感垃圾桶了。她不是救苦救难的观世音菩萨，她自己也是红尘争渡的可怜人，心里也有很多不为人知的隐秘角落，那些角落爬满了伤疤，碰到就痛。

她在作者群里说起这件事时，既是心理咨询师也是新媒体作者的周老师看不下去了，说："Daisy，你还真是大公无私、普度众生，要是每个作者都像你这样去安慰读者，那我们心理咨询师只能失业了。" Daisy无奈地说："以后我不再安慰了，我实在是听够了读者们的抱怨，我的耐心有限，以后只想留给亲近的、重要的人。”

周老师说：“抱怨是一个传递负能量的过程，抱怨的那个人说出了自己心里的想法倒是爽了，可倾听的那个人被迫接受了那么多阴暗的情绪，这些情绪累积起来就成了倾听者自己的负能量，这对倾听者来说是很大的心力损耗。我们每做一段时间的心理咨询，都要找督导师做一下心理疏导，把从咨询者那里传递过来的负面情绪疏导出去。所以，我们心理咨询师倾听读者的抱怨，那可都是按小时收费的。”

看到周老师心理小课堂开讲了，我们恨不得搬小板凳乖巧地坐下来听讲。Daisy有点犹豫地说：“可是，我这样不倾听读者的抱怨，会不会有点不近人情了？”我隔着屏幕都能想象到周老师恨铁不成钢的样子，他说：“你和他们只不过是在网络上萍水相逢，在生活里你们互不相识，你哪里来的责任和义务要牺牲自己的时间和好心情去倾听他们的抱怨？”

“你们不要以为倾听别人的抱怨是件小事，肯一直倾听你抱怨的人，一定把你看得很重要，才会愿意接收你的负能量，安抚你的情绪，因为她希望你抱怨完之后能开心点。”周老师最后说的这句话触动了我的回忆，想起往事，我深以为然的点了点头之后，突然有些伤感。

03

我刚开始写作的时候，文笔还很稚嫩，经验也十分匮乏，因此，写作事业接连受挫，很不顺利。写作是我十分热爱也寄予厚望的一项毕生事业，在写作上的挫败让我凄惶烦闷，恨不得朝天大喊几声。

好在那个时候，前女友安瑶一直陪在我身边，给了我莫大的安慰。

被编辑退稿了，我抱怨说这都什么编辑，有眼无珠啊；文章被读者骂成是狗屎是垃圾，我抱怨说现在的读者鉴赏力差点也就算了，脾气还那么差，一点修养也没有；收到的稿费太少，我抱怨说杂志社也太抠门了，作者的生存环境怎么就那么差……

安瑶边听边点头，附和着我的抱怨说“就是嘛！”，然后又用她温热的小手拉住我，甜甜地笑着对我说：“亲爱的，别灰心嘛，你是我见过最棒的作者啦！我相信你一定可以成功的！”

在她的安慰鼓励下，我又重燃了斗志，恢复了信心，精神抖擞的投入到写作中去。那段时间，我几乎全身心地扑到写作上，稍有不顺就找她抱怨，获得慰藉后又再次一头扎进写作里来。

现在回头看，那段时间，我完全是把她当成了我的情绪垃圾桶，不停地往里面倾倒我的愁苦和愤懑，却忽略了对她的关心和体谅。

她像柔软的草地，承受着我的负面情绪一次又一次地践踏，却没有退避，始终以最温暖的耐心把我包裹，让我在她如琥珀般晶莹的爱里终于止息了焦躁，变得平和而富有力量。

后来，我们之间发生了很多事，最终黯然分手。在分手前的那次争吵里，我吼她：“你是有多狠心才会想要离开我？你是不是从来就没有爱过我？”她看向我，眼睛像一汪水池，蓄满了眼泪。

她说：“我不爱你？我不爱你，我会愿意天天听你发牢骚，在那儿抱怨个不停？你知不知道，一个总是在抱怨的人看起来很丑？可我一直在安慰你，鼓励你，这不是爱，还是什么？”

这是我听到她说的最后一句话。在她离开之后的那些日夜里，我才渐渐明白，一个人究竟要对你怀着怎样深沉的爱意，才会愿意听你经常抱怨。

04

宋人方岳曾在诗里写道：“不如意事常八九，可与人言无二三。”人活于世，又岂能事事都顺遂心意？我们总会遇到挫折，会受委屈，会摔倒，大多时候，我们都默默的咽下了苦楚，继续向前走去。

有那么一些时刻，我们心里的委屈和愤恨装得太满，满到要溢出来了，我们只得为满腹心事寻一个出口。我们会吐槽，会咒骂，会抱怨。

大家都这么忙，彼此也不太熟，又有多少人愿意听你抱怨呢？毕竟，情绪是会传染的，没有谁愿意被你拉进污浊的泥淖里。

倾听你的抱怨，是一件吃力不讨好的事情，谁都不傻，不会往你喷着火的枪口上撞。真有撞过来的人，尤其是那些不止一次的主动撞过来的人，他们不是瞎，他们只是关心你、在乎你，不希望你困在负面情绪的围城里不得解脱，他们想要让你阳光起来、开心一点，哪怕要以他们自身心情的变坏为代价，他们也依然愿意听你抱怨。

想想当我们深夜失眠时，翻遍手机通讯录，可以放心的拨打过去倾诉烦闷的人，又有哪一个不是我们最贴心的朋友或者最亲爱的人？其实，他们也很讨厌听人抱怨，可是他们不会讨厌我们，恰恰相反，他们愿意听我们抱怨，愿意当我们的情绪垃圾桶，都是因为他们对我们爱得深沉。

人这一生，遇见性，遇见了解都不稀奇，难得的是遇见爱和心疼。真遇到这样心疼我们的委屈、愿意听我们抱怨的人，就请你心怀感激，用心珍惜吧！

别把软弱当善良，
你的善良要有点锋芒

01

刚到单位工作的时候，我第一个认识的人就是老刘。

老刘热情地走上来，握住我的手说，你就是小顾吧，我听他们说今年单位招了个帅小伙，可不，你看这多精神的一个小伙子。我礼貌地笑了笑，抽回手，有点接受不了老刘这股自来熟的劲儿。

入职一段时间后，我发现老刘的热情并不是只针对我这个新人，他对每一个同事都很友好，同事有什么事情需要帮忙，招呼他一声，他就笑呵呵地过去搭把手。也正因为这样，老刘在单位的人缘很好，上到大领导，下到门卫和保洁阿姨，提到他都会竖起大拇指称赞一声，老刘，好人啊！

是的，老刘就是那个你在哪里都会遇到的老好人。他性格温顺，脾气非常好；他很好说话，有求必应；他遇见谁都是满脸堆笑，和事佬也当得娴熟无比——同事间有了矛盾争执，他往中间一插，两头安抚，这架准保吵不起来了。

有一次，我和几个同事一起出去聚餐，酒足饭饱之后，李哥提议转战KTV，嗨个痛快。我说，可是，今天头儿分派下来的活儿还有点收尾工作没做呢，明早可就得交给他了，要是做不完，咱哥几个准被骂！李哥大手一挥说，怕什么，打个电话给老刘不就行了？他掏出手机，拨过去，刘哥啊，你看，情况是这样的，我们几个呢在外边有点事，办完回来可能会比较晚，我们手上那个Case就麻烦你帮我们收个尾，领导明天就要呢，我这就发你邮箱啊。

隔天去上班，见了老刘，看到他的黑眼圈，我心里挺过意不去的，就走上前去跟他道谢。他笑笑说，都是同事，帮点忙应该的嘛。我原以为世风日下人心不古，没想到乐于助人的传统美德竟然在老刘身上“复活”了，一时间，我对他敬佩不已。

02

第一次知道老实人也会有怨怼和愤恨，着实让我吃惊。

那天，单位刚刚公布了新一年的晋升考核结果，老刘榜上无名，而晚老刘几年工作的李哥却扶摇直上，成了我和老刘的顶头上司。

下班之后，我因为手上的工作还没做完，就加班了一会儿，其他人陆陆续续都走了之后，老刘走过来，拍了拍我的肩膀说，小顾，下班了还工作，那么拼干嘛？有什么用？你在这里累死累活，还不如别人溜须拍马、走后门靠关系提拔得快。我盯着屏幕，头也没抬，刘哥，我就这点毛病，手里的活儿不做完，心里老惦记着，不踏实。

老刘拉过一把椅子坐下来，酸溜溜的说，咱们单位这些领导啊，都是白眼狼，他们也不想想，有多少同事工作的遗漏是我给补上的，我多做了多少事！要是没有我，好几个单子都得黄，可到头来呢？做实事的人看不到，只会提拔那些小人。

我说，刘哥，不是我说你，我真觉得他们是在欺负你好说话，就拿上次来说吧，你完全可以拒绝李哥的要求的，那不是你的分内之事，而且我们当时就是在玩。老刘脸上的神情僵了一下，搓着手，讪讪地说，我是怕拒绝他伤了同事间的和气，你说抬头不见低头见的，拂了他的面子，那多不好。

好吧，也是。我暗自叹了一口气，不打算再跟老刘说下去。我算是看出来了，他哪里是什么助人为乐，他这么热络就是想博个好名声，混个好人缘；他有求必应也不是他真的热心肠，而是他不会拒绝，不敢拒绝，他帮你的时候，心里指不定怎么骂你呢。

老好人又不是地里会长、天上会掉，哪儿来那么多老好人。说到底，老好人不过是软弱可欺的人罢了。

03

生活里，老好人不止老刘一个，可能是我，可能是你，也可能是他。每一个没有原则和底线、内心软弱无力的人，都会被世事和人情捶打揉捏，揉成面团一样松软的老好人。

老好人们以为多帮别人做点事，对别人好一点，就能赢得别人的尊重，可现实的耳光很快击碎了他们天真的幻想。别人并没有因为他们好说话就尊重他们，反而轻视他们，视他们的付出为理所当然。

俗话说，人善被人欺，马善被人骑。这里的“善”，准确来讲，其实不是善良，而是软弱。

人和人相处，每个人都应该筑起围墙，防范他人，保护自己。这道围墙不是拒人于千里之外的冰冷，而是保护自己免于他人无端侵扰的强硬。如果缺失了这道内心的边界，别人就可以随时侵入你的领地，长驱直入，肆意妄为，把你的内心蹂躏得破碎不堪。

老好人的内心没有坚硬的框架，容易被别人的意见左右，被别人的要求裹挟，自然就付出了很多不该付出的，承受了很多不必承受的，多了很多身不由己的

老好人们好说话，不想得罪人，害怕与人产生冲突和对抗，希望以自己的退让和妥协换取和谐共处，以此来获得安全感。可他们

不会知道，会哭会闹的孩子才有糖吃，利益从来都是争取来的，你一再退让，别人只会得寸进尺。

老好人们对别人很好，希望以此获得相互的尊重，这是多Low多掉价的事啊！没有别的资本或能力来让别人发自内心的尊重，才会想以对别人好来寻求认同，可这样做的结果，那些被发好人卡的备胎们早已帮我们验证过了，不是吗？

老好人们多像一块燃烧着的煤炭啊，燃烧了自己，温暖了别人，把自己烧成了灰渣之后，别人转身寻找另一个火炉，只留下老好人们独自凄凉独自伤。

04

老好人的人生是悲凉的，辛苦搭建了舞台，净给别人唱戏了。可我希望你的人生不是这样。

我知道，你和我一样，在这个薄凉的世界里深情地活着。你很努力，想要做好一件事又一件事，想要达成自己的理想，发出光亮。你的内心有柔软的角落，也有善意的能量，像煦暖的太阳，既让人温暖，又使人明亮。

只是，这个世界很多时候并不会因为你的善良就报以同样的善意。你可以做个好人，但千万别去做那个好说话的、不会说

“不”的老好人。

你要有你的原则和底线，你内心的边界不要容许别人轻易僭越。说 “不”怎么了？拒绝别人又怎样？不合理的要求，你接受了一次，就会有第二次，第三次，第无数次。

弱者的妥协只是卑微地讨好，强者的拒绝才能赢得别人的尊重。

当你拒绝了别人过分的要求时，别人就会发现，原来你不是橡皮泥，任人揉捏，想要获得你的认可和帮助，那么，他就得付出同等的价值和回报。你坚定的原则，让他不得不扶正你在他心里的位置，没有轻视，只有平等的尊重。

下次再有人利用你的善良，找你帮忙，尤其是那些总是麻烦你的人，尤其是那些并非他力所不及的事，我相信，你会礼貌地笑一笑，温柔而坚定地对他说，对不起，我很忙，帮不了你的忙。

亲爱的，别再把软弱当成善良，你的善良要有点锋芒，你的人生也不能因为别人的打扰耽误了成长。

“高攀”的恋爱
谈过的人才知道有多爽

01

听说夏夏找了个博士男朋友，朋友圈子里都炸窝了，大家一窝蜂地跳出来反对。

夏夏当时刚读大二，在图书馆看书时偶遇了陈博士，互留了微信后，网聊了一段时间，认识两周就迅速地走到了一起。

陈博士我们见过，准确来说，他还不是博士，只是博士在读。其貌不扬的一个男人，话不多，有一股沉静的气质，给我们的印象还不错，但最要命的是他今年二十八岁，足足大了夏夏八岁。

蓉姐以过来人的口吻语重心长地告诫夏夏：“你们年龄差距这么大，你还只是一个小女孩，他都已经快成中年男子了，如果按三年一个代沟计算的话，你们中间几乎横亘着三个代沟，沟通起来肯定有问题，谈不长的，算了吧。”

阿阮也在旁边插嘴道："你只是一个本科生，而他已经是博士了，你们之间的学历学识差距太大了，他看到的世界和你看到的世界完全不一样，最初在一起可能是新鲜，可时间长了，你们终究是要去往不同的天空，别陷太深，与其以后难舍难分，痛哭流涕，不如现在早作决断，分了吧。"

也许是因为与陈博士同为男人的缘故，我看待这类问题更倾向于从男人的角度出发："二十岁鲜活娇嫩的女孩子是从二十岁到八十岁的男人共同的喜好，很有可能他只是想采撷你这朵柔美的鲜花，一亲芳泽，并没有长期培育你的打算啊！"

夏夏被我们说急了，委屈的说，"他不是那样的人，我和他是真心相爱的！"说完起身就走，还不忘回过头来瞪我一眼，补上一句"你以为谁都跟你一样，色眯眯的，成天只想着那种事儿啊！"

无辜躺枪的我，灰溜溜地摸了摸鼻子，无奈地摊开手说："喏，你们也看到了，我劝也劝了，可她不听啊！"

02

我们这么不看好夏夏这段感情，是有前车之鉴的。蓉姐已经用自己五年的青春和无数个日夜的伤心眼泪给夏夏探过路了，和条件比自己高的男人谈恋爱是行不通的。

蓉姐高二时暗恋同班的学霸沈皓轩，沈皓轩不仅成绩好，颜值也高，高大帅气。她开始期待每周的升旗仪式，因为沈皓轩会和她共同担任旗手，在全校师生的注目下，一起把国旗升上去。

为了和沈皓轩上同一所大学，原本贪玩厌学的蓉姐删了游戏账号，拒了好友邀约，一门心思苦读，终于让她考上了沈皓轩填报的大学。上了大学之后，蓉姐发挥彪悍本色，倒追沈皓轩两个月，成功地把沈皓轩收入后宫。

两年的暗恋开花结果了，是时候开啤酒倒香槟庆祝一下了吧？可学霸不争气地掉链子了。也许是高中被压抑得太狠，到了大学压力骤减，自由的氛围激发了他贪玩的一面。沈皓轩上大学之后，前几周还好，课还是去上的，到后来，课也不去了，经常去网吧通宵打游戏。蓉姐劝说过他多次，可他总是不听，后来挂科多门，只能重修了。

他把几乎所有时间精力都投入到了游戏上，不仅无心向学，还对蓉姐疏于关心，反过来是蓉姐给他买早点带午饭，催他去洗澡，带他去逛街买衣服。蓉姐在坚持了一年之后，终于迷途知返，把这个“干儿子”给扔了。

见识过同龄男生的意志薄弱和不靠谱之后，蓉姐矫枉过正，改而对叔叔级暖男情有独钟。半年不到的时间里，就找了个三十二岁的男朋友。这男朋友大她十岁，在一家广告公司担任设计总监，财力雄厚，社会地位高，人也成熟稳重。蓉姐对这次高攀很满意，觉得总算找到了如意郎君，坐上他开来接她的宝马时，那意气风发的劲儿简直就像唤醒了第二春。

我当时好心提醒过她，那男人条件这么好，没有理由到现在还单着，十有八九早有妻儿，只是拿她当小三，体验一下青春的感觉和偷情的刺激。蓉姐陷在了感情里，智商为负，哪里听得进去。

后来，正牌妻子找上门来，约见蓉姐，见面就是一耳光。那男人哄着盛怒的妻子离去，完全没有多看蓉姐一眼。蓉姐追问个说法，他一副鄙夷的神情说："你一个女学生，知道什么？你什么都不知道！除了上床，我跟你还能说什么？说什么你也不懂！"

这段感情带给蓉姐的伤害比上一段更大，蓉姐好长一段时间都没从失恋被骗的阴影里走出来。

有蓉姐"高攀"男人却惨遭抛弃的教训在前，我们又怎么忍心看着夏夏往火坑里跳呢？

03

我们正要逮着夏夏进行车轮战式思想教育时，夏夏却失踪了。

电话没人接，微信回得慢，聚会都不来，整个人就好像人间蒸发了一样。好不容易在晚会上捉到她，好家伙，她啥时还成主持人了？你瞧那字正腔圆的普通话，你瞧那落落大方的主持范儿，这还是我们认识的那个村妞夏夏吗？

问起来才知道，她的博士男友拉着她上自习泡图书馆也就算了，看她普通话不好，姿态仪表也不够大方，告诉她这样的话以后求职面试或者商务会谈都特别吃亏，非要让她苦练普通话，报名主持人。

我们听了可不干了，跟你谈恋爱，你丫要求还挺多，想找个啥都会的那就别来招惹夏夏啊，管夏夏管得比老师还严格，那还得了？正要撸袖子去找陈博士算账的时候，想不到蓉姐却把我们拦了下来。我诧异地说："蓉姐，夏夏和陈博士的恋爱，不是你反对得最厉害吗？你怎么反而不让我们去讨个说法？"蓉姐说："至少他愿意帮助夏夏努力追赶他的脚步，他就不算是一个坏男人。"

后来，在陈博士的指点下，夏夏又主动联系学院的教授，跟进了一个科研项目，每天查资料，给教授打下手做实验。项目课题结题的时候，夏夏已经在专业核心期刊上发表了好几篇论文了。

暑假里看到她的朋友圈，我们都惊呼变天了。万年死宅夏夏竟然挽着陈博士在穷游中国？海南的海风吹起她的帽檐，青海的烈日晒黑她的皮肤，她的足迹漫溯过一个又一个省。在假期末尾，他俩还去泰国印度那边溜了一圈。

大三的时候，夏夏听从陈博士的建议，提前准备，争取到了交换生名额，前往美国进行为期一年的学习。一年期满之后，夏夏又磨刀霍霍地为考研做准备，她说，我家老陈说了，我这个专业不读研的话，劳动附加值太低，本科毕业去就业，那就是廉价民工。

夏夏如同坐火箭一样直线上升的人生轨迹是我们一众朋友都没有料想到的。说好的怪蜀黍拐骗小萝莉呢？陈博士，你拿错剧本了吧？你怎么一点都不渣，没有耽误和伤害夏夏，反而帮助她成为了更好的自己呢？

在大家错愕之际，蓉姐一脸淡然地说："我早就知道会这样，陈博士人不错，夏夏这个恋爱谈得更是好。本科生找博士怎么了？学历上高攀了不更好吗？陈博士引导夏夏去往了更广阔的天空，我们也要努力了，要不会被夏夏落下太远的。"

04

之前网上流传一种婚恋观，说的是最好的爱情，可以不门当户对，但一定要势均力敌。的确，势均力敌的两个人，在能力和眼界上趋同相近，更容易找到共同话题，也更容易相扶相携去往同一个远方。

恋爱不是寻找一个知心人相拥取暖这么简单，更好的爱情是，在这段感情里你不仅得到了甜蜜和幸福，更收获了成长。

一份好的爱情，是你通过一个人看到了整个世界，而一份不好的爱情，是你为了一个人而舍弃整个世界。

如果你能找到一个才智学识和眼界格局都比你更好的人，而那个人正好也爱着你，愿意帮助你成长，引导你尽快提升到和他同一高度，那么，你就是走了成长的捷径和爱情的快车道啊！

夏夏很幸运地遇到了陈博士，陈博士喜欢夏夏的纯洁美好和热烈天真，夏夏也仰慕陈博士的学识渊博和言谈儒雅，两个人身上都有对方喜欢的特质，因此，他们一拍即合。

在一起之后，陈博士没有因为夏夏在学识眼界上的浅陋而嫌弃她，反而温柔地鼓励夏夏去提升自己，并给予夏夏种种前瞻性的指引，让夏夏以令人瞩目的姿态飞快的拔节生长，蓊郁葱茏，长出了自己的风景。

一个人努力追赶，另一个人接引守候，追赶的人成长了，他们的爱情也被时光赋予了更深刻的意义，更加醇厚，更加悠长。

原来，所谓的“高攀”，不是像蓉姐那样去攀上一个事业成功的有钱人，而是像夏夏这样和更美好更优秀的人在一起，追求更好的人生，谈更完美的恋爱。

谈一段“高攀”的恋爱，感觉竟然这么好，好到你的灵魂都发出舒爽的颤栗，爽到你想要尖叫。

不回应你不爱的人
才是爱情里真正的善良

01

大一那年，徐朗遇到了宋晓，就像蝴蝶遇到了花朵，再也挪不开脚步。在一群审美还停留在高中阶段的女生里，宋晓仿佛是绿叶从中那朵红花，美得太过出众，美得让徐朗心动。

经历了半年小心翼翼的暗恋之后，徐朗终于鼓起勇气，开始追宋晓。夏天送西瓜，冬天送热水，图书馆帮占座，发消息陪聊天，隔几天就约宋晓出去吃饭看电影，徐朗用所有自己能想到的方式对宋晓好。他觉得自己就像个烧得旺旺的煤炉，跳动的火苗，滚滚的热浪，为的都只是想暖宋晓那颗芳心。

宋晓其实不喜欢他，徐朗自己也看出来了。徐朗送的东西，宋晓有时候没有收，发过去的消息，宋晓有时候也不回复。徐朗近乎卑微的讨好，却很难换得宋晓对他展颜一笑。

好几次，徐朗心灰意冷，差点想放弃了，可很快，他又重拾了信心和希望，因为宋晓又搭理他了。无论是宋晓接受了他的礼物，还是答应了他的邀约，甚至只是朝他笑一笑，多和他说几句话，他都会欢欣鼓舞，重燃斗志，觉得并不是完全没有机会，再坚持一下，说不定宋晓就被感动了呢？

徐朗就像一条觅食的鱼，宋晓心情好的时候就会丢下鱼饵，心情不好的时候就长达十天半月地不理他。徐朗多少次想狠下心离开，可鱼饵一落下来，他又一次缴械投降了。

这样的牵绊纠缠，直到大四的时候宋晓谈起了恋爱才结束。宋晓找的男朋友是一个很强势的人，雷厉风行，很有魄力，与谦和良善的徐朗完全是两种人。徐朗这时才明白，宋晓根本就不喜欢他这样的男生，她从来就没有考虑过他。

可她既然明知自己不会喜欢上徐朗，为什么不在一开始的时候就明确拒绝他呢？就这样忽冷忽热、若即若离地吊着他，让他以为再往前一步、再坚持一阵就能和她在一起，他就傻乎乎的追了三年，也等了三年。

也许是一个人的时候太孤单，而她虽然不喜欢他，却贪慕他的关心和温暖，想要在身边有一个知冷热的人，才不愿意决绝地让他转身离开吧。这样“养着”一个备胎，的确是方便了自己，可对那个一往情深爱着的人来说，是多么无情，又多么残忍啊！

02

相比宋晓对待徐朗的暧昧不清，我的朋友韩煜诚在处理感情问题上真的是杀伐果断，立场坚定。

韩煜诚品学兼优，一表人才，喜欢他的女孩子一直很多，追他追得最紧的是一个学妹。学妹是学生会新招的干事，在参与了几次活动之后，韩煜诚这个学生会主席那指挥若定、自信从容地样子就深深的烙印在了她心里。

学生会组织的活动，学妹比谁都积极，就为了能蹭在韩煜诚身边，哪怕只能多看他几眼，也很高兴。要到了韩煜诚的微信后，学妹经常以请教工作之名约韩煜诚，韩煜诚起初还不觉得有什么异常，多有几次这样的邀约之后，他就发现了学妹看他的眼神不一般。

他很认真地跟学妹说："你是个好姑娘，可是，你不是我喜欢的类型，我们不可能的。"真爱，会让男生变得胆怯，也会让女孩子变得勇敢。学妹被明确拒绝了也不羞不恼，笑嘻嘻地说："我都还没要你怎么样呢，你就这么急着拒绝我？是不是怕自己不够坚定，被我拿下呀？"韩煜诚无奈一笑，说："以后咱们还是少联系好了，有工作上的事，你直接找你们宣传部的部长就行。"

在那次谈话之后，学妹作风不改，就当那些话韩煜诚没有说过一样，还是常来找他，给他送爱心便当。韩煜诚冷着脸，把学妹拉黑了，学妹送来的便当，他从来没吃过一口。学妹和他上同一门选修课，挨着他坐过来，他一言不发收拾起书就自己一个人坐到了角落里。

如此冰冷的拒绝，我们这些旁人都看不下去了，看着学妹被他当面拒绝好意之后那泫然欲泣的样子，我们简直想把韩煜诚暴打一顿。我跟他说："诚哥，你过分了啊，不带你这样对待女孩子的。人家多好一姑娘，你就是不喜欢人家，你也用不着这么冷冰冰的吧？一点面子也不给，你看都快把人家弄哭了。"韩煜诚轻轻叹了一口气，说："我这样是为她好，想让她早点放弃。我如果对她和颜悦色，有所回应，只会误导她在这条路上越陷越深，以后她会更痛苦。"

学妹追他的路被他一条条堵死，学妹哭着来找他说："我知道你不喜欢我，我也不奢求你和我在一起，只要你让我待在你身边，能时常看到你就好。"他的眼神柔软了一瞬间，随即又硬起心肠说："放下吧，不要自苦了。"

后来的那一段时间，听学妹的室友说，学妹天天在宿舍里哭，茶饭不思，人都瘦了几圈。韩煜诚听说之后，心有不忍，可最后也没有说什么。

半年多之后，学妹身边有了一个温柔宽厚的男生，对她很好，看她的目光里满是宠溺。韩煜诚的心里仿佛有一块悬在半空的石头终于落了地，看得出他心情不错。叫我出去吃火锅的时候，喝得微醺的他说了一句话："我知道你一直都觉得我太狠心了。但是，我不是她的归人，我只是过客。我态度决绝就是因为我不想耽误她。她现在有了更好的选择，说实话，我很替她高兴。"

03

感情从来就不是一件公平的事情，爱上了对方，一颗心就不再属于自己了，会忍不住的想要去接近他，了解他，关心他，他的一言一行都会在你的心里掀起滔天巨浪。

你变得很低，低到尘埃里，心里也是欢喜的，还能开出一朵花，仿佛他就是你的阳光和雨露，是你的蓝天和大地，是你生活的全部意义。

但凡懂得这种单恋的苦的人，在被别人喜欢时，都会有点压力——很感激对方欣赏自己，可对对方没有感觉，没有办法回报给对方同等的爱，很遗憾，也很歉疚。

怀着这样的心理，很多人就会下意识地想，我既然不能给他爱情了，那我对他稍微好点吧，以作补偿。可这其实不是补偿，而是变相的伤害。你对他的付出和回应，会让他觉得有机会追到你，会诱惑他不停的付出，一直坚持，不肯放弃。

他坚持到最后，结果是什么呢？感情终究是不能勉强的，一味的付出换来的只会是感动，甚至是怜悯，而不会是感情。你的那些积极回应，最终只会伤害了他的感情，耽误了他的青春，而他除了伤心什么也没得到。

不管有心还是无意，宋晓对徐朗态度的不明朗怎么看都像是在拿徐朗当备胎。不愿意和别人在一起，还答应别人的邀约，接受别人的礼物和关心，这不是利用别人的感情，还能是什么？

他爱上你，并不是他的错。你不爱他，痛快点拒绝，磨磨蹭蹭地拖着，吊着别人，只会展露出你为人的卑劣。

04

微博上曾经流行过这样一个段子，说的是：我打开电灯，灯泡亮了几下就灭了，我关了重开，再次亮了几下就灭了，我还想再打开，灯泡说，先别开了，窗外有只飞蛾，你等她飞走了再打开我吧。我说，这不挺好的嘛，终于有人看上你了。灯泡叹口气说，可惜我不是火，不是她真正要找的那个人，我不想给人家错觉，也不想耽误人家。

韩煜诚就像这只灯泡，知道自己很难爱上学妹，不是她好的归宿，就狠下心来，斩断前路，不让学妹自误。他的方式的确偏激了些，太过冷酷，但他的初衷才是爱情里真正的善良。

既然不爱她，又何必给她希望呢？也许你只是出于礼貌而回应了她的心意，可难保她不会因此多想。也许，你对她微微一笑，她就已经脑补出了一生的天荒地老。

单恋需要消耗很大的情感能量，每一个单恋的人都在不停的给自己寻找坚持下去的理由，所以，你每一次对她爱意的回应都可能被放大，成为她继续爱你的力量。

并不是每一份爱都会有结果，但每一份爱都应该得到尊重。对于那些你不爱的人，你对他们的爱的尊重不是给予温情的回应，那只会催生他们的爱情火苗长盛不衰，最好的尊重是让这份注定不会有结果的爱独自绽放，独自凋零。

不要担心坚定的拒绝和冷淡的疏离会显得你太过不近人情，也不用为伤了对方的心而心怀愧疚。对于那些不小心爱上你的人来说，长痛不如短痛，被无情拒绝，得不到情感回应，足够痛了，他们也就能够放下了，这样他们才能腾出心来去迎接下一个来的人。

你的不回应，让对方明白他只是自作多情，让他能够及时抽身而退，从此，世上又多了一个清醒地知道自己在爱情里真正想要什么的人，这样多好！

哪有什么天作之合
好的爱情都靠耐心磨合

01

Sally又和男朋友分手了。如果我没有记错的话，这已经是她今年谈的第五个男朋友了。哦，不，现在变成前男友了。

Sally是个飞扬跳脱的女孩，她的人生格言就是：骑最野的马，喝最烈的酒，爱最酷的人。她是这么说的，也是这么做的。她的人生壮怀激烈，风起云涌，就像一条湍急的小溪，一个浪花卷起另一个浪花，一段遭遇紧挨着另一场相遇。

今天还徜徉在798，明天就飞奔去拉萨，在拉萨晒了几天酷烈的太阳之后，她可能又在内蒙古大草原上骑马了。她总是在路上，就没有多少停下来的时候。生活上是这样，感情上也是这样。她的心仿佛一座空城，风吹进来，呼啸盘旋，她只能拼命地用别的东西把心塞满，也许是旅途的见闻，也许是新奇的刺激，也许是来了又去的男人。

起初，Sally带男朋友来参加聚会的时候，我们还会礼貌地和她男朋友寒暄，交换微信，敬酒结交。再后来，我们连她男朋友的名字都懒得问了，因为她男朋友换得实在太快了，也许隔两个星期，她再带来的就是另一个人了。

在被Sally换男朋友的速度惊吓到之后，我们也表示过担心和不解——爱情这么美好的事情，就不能认真一点吗？Sally丢过来一个大大的白眼："每一段恋爱我都是当成初恋去谈的，好么？真命天子总是不来，我有什么办法？哪天他真的出现了，我非得甩他一大耳光不可！早干嘛去了，害我白爱了多少个人渣？"

我们更迷惑了，问她："既然真名天子还没来，你现在的这些男朋友是什么情况？"她气鼓鼓的，一副很委屈的样子说："没在一起的时候，我觉得他们还都挺好的，也有点心动的感觉，可真在一起了，才发现他们其实不是我最开始认识的那个样子，和我也这里那里合不来，根本就处不下去。"

我觉得她对感情的态度既天真又草率，就委婉劝道："Sally，也许不是你没有遇到合适的人，而是你没给对方多一点的时间和耐心。要不，就从这次恋爱开始，你和他多交往一段时间试试？别一点小矛盾或者不合适就分手，试着多包容理解下对方，或许会好很多。"Sally头摇得跟拨浪鼓似的，反驳得振振有词："这世上男人多了去了，不合适的话，我换一个就是了，迁就来将就去的多麻烦，多不省心啊！"

后来，Sally还是穿梭在一个又一个男人之间，感情依然多变而短命。过了三四年之后，当初的那群朋友都为人父为人母了，动作慢一点的朋友也有了稳定的对象在谈婚论嫁了，Sally还在一个人飘着，天天嚷嚷着她的真命天子是迷路了还是堵车了，她都要老了，他怎么还不来找她。

我们几个朋友私下聊天，很不厚道地说，她这是病，要是不治，她的爱情估计好不了了。哪儿有什么天生绝配，都是磨合成一对。感情一出问题，不想着修补解决，就只会换新，这样的话，她和谁都走不下去，感情绝对长久不了。

02

前几天，我去参加彤彤的婚礼，她和老公宁峰交换婚戒的时候，我心里思潮起伏，莫名感动。八年爱情长跑，他们终于修成正果。作为她的好友，看着他们恩爱缠绵地拥吻，我真心为她感到高兴。

彤彤那会儿在学校是远近闻名的大美女，追她的男生可以从学校南门一直排到北门，追求者里有帅哥也有富二代，有学生会主席也有篮球队队长，结果她谁也没选，最后和书呆子宁峰在一起了。

我们姐妹生怕她一冲动就在宁峰这一条路上走到黑，为此，没少教育她，天天哄劝她早日弃暗投明，重新回到帅哥的怀抱。彤彤不听劝，坚持说她家宁峰这里也好，那里也好，怎么看怎么顺眼。我们只能无奈摇头，感叹说，恋爱中的女人，不仅智商为负，眼睛还是瞎的。

没多久，彤彤就和宁峰闹别扭了。彤彤想去看电影，宁峰不愿意去，说那部电影从剧本到拍摄都很烂，与其去电影院浪费时间，不如就在图书馆里多看几页书。彤彤拽着他的手撒娇，宁峰也没有改口，彤彤一气之下就回了宿舍。

总算给我们逮到机会，我们一边拉着彤彤的小手，一边拿纸巾给她擦眼泪，嘴里还不忘了数落宁峰没有情趣，不够体贴。看彤彤哭得差不多了，我们小心翼翼地说，他这么不知好歹，要不就跟他分手算了。正说着，宁峰的电话进来了，彤彤接起电话，一会儿就破涕为笑了。

后来，彤彤和宁峰大大小小吵了无数次架，有好几次彤彤甚至气得把宁峰的电话微信都拉黑了。我们原以为，这样吵来吵去，他俩分手的日子眼看不远了，谁知道，他俩每次都是闹几天别扭就好了，又开始在朋友圈可劲儿撒狗粮，惨无人道地花式虐狗。

最开始，我们一帮小姐妹都不看好宁峰，觉得他配不上我们家彤彤。在他们恋爱两年之后，我们再看到他俩走在一起，竟然觉得挺登对的。当时，我们整个人都不好了，还以为是自己眼睛进沙子了。揉了揉眼睛再仔细看，才发现他俩还蛮有夫妻相的，而这夫妻相的由来就是他俩举手投足之间太默契了，就像配套的螺丝和螺帽那样，严丝合缝，丝丝入扣。

想来他们之前的争吵并不是毫无意义的，随着交往的深入，两个人都进入了对方内心最隐秘的角落，在这个过程中就不可避免地触及对方的底线，所以才会发生争吵。每一次争吵，都让对方更清楚地明白，自己在意的是什么，从而在以后的相处中细心留意，不去触怒彼此。

婚礼致辞的时候，宁峰接过话筒，深情的看了彤彤一眼，转向我们说："我很感谢我的妻子，我最爱的女人，彤彤。相恋这八年，一路走来，我们红过脸，急过眼，吵过架，但她一直陪在我身边。每次闹了别扭，事后，她都会和我一起修复我们的感情，正视并解决我们之间存在的问题。如果说，八年前的我们还不够合拍，那现在，我敢说我们俩绝对是这世上最般配的一对！"

是啊，吵不散的才是真爱，包容磨合之后的爱情才更让人离不开。

03

有人说，上帝造人的时候把灵魂分成了两半，于是我们终其一生要去寻找自己缺失的另一半。这就像我们的心，并不是圆满的、完整的，总觉得缺了一块。

茫茫人海中，我们遇到了那个看对眼的人，我们互相爱慕，就在一起了。在一起之后才发现，我们并不能很好的契合彼此，也许你的心里欠缺着一个圆，可他的心却是方形的。

这个时候，有的人选择放弃当前的这个人，重新去寻找自己的灵魂伴侣，想要找到那个能完美的补足自己的缺憾的人；而另一些人只想珍惜眼前人，现在的确是不够契合，但余生还长，他们有耐心也愿意打磨掉彼此峥嵘的棱角，在磨合后以圆润而妥帖的方式贴近对方，温暖彼此。

你可以说第一种人是有爱情洁癖的，他们不愿将就，也不愿妥协，一心只想找到和自己完美契合的那个人。可是，他们很可能一辈子都找不到那个对的人了，因为谁都有自己的棱角和脾气，没有谁是为了迎合他们而存在的。

完美的爱情，并不是要去寻找一个完美的爱人，而是要学会用完美的眼光去欣赏那个并不完美的人。不行就换、不好就分的人，不愿磨合彼此，不想迁就对方，少了包容和理解，多了急躁和偏执，他们辗转过再多的双人床，也很难寻觅到一世地老天荒。

04

牙齿和舌头亲密无间，有时还难免会牙齿咬到舌头，更何况原本并不相干的两个人因为爱情走到一起，携手相伴往后的人生呢？
两个人之间有龃龉和争吵，闹得不愉快，感情出现问题，这都是正常的，关键是出了问题之后怎么应对——是一拍两散，还是共同解决？

松浦弥太郎在《今天也要用心过生活》里写道："我倾向于把坏了的东西继续使用，甚至觉得东西坏掉的那一刻才是你们的关系真正开始的时候，不要急于马上丢弃添购新品，而是下决心修好它。与人交往也是一样，经过冲撞、摩擦、破裂产生嫌隙，然后慢慢修复它，这才是你们深层次关系的真正开始。"

感情出现问题，是因为你们已经脱离了表面的客套和礼貌，开始与对方建立更亲密的联结，在这个过程中，之前隐藏的矛盾和对立浮出水面，习惯的不同和三观的出入都细化为生活中一件又一件的琐事向你们倾轧过来，犹如巨浪，动辄就要倾覆你们的感情之船。

这诚然是感情的危机，但它又何尝不是感情由肤浅走向深刻、由短暂走向隽永的转机呢？两个人一起面对问题，共同协商解决，借此建立起应对感情问题的情感模式，培养出彼此之间的默契感和同理心，也明确对方的心理边界而不逾越，这样修补维护之后，感情必然更加契合，也更加牢固，何乐而不为呢？

感情问题的产生和解决，能深化你们对彼此的理解，升华并丰富你们的感情。而时间的淘洗和沉淀，会滤去感情中的杂质，让你们的感情清冽而醇厚。

恋爱时，有了矛盾，遇到问题，别急着撂挑子丢弃对方，试着去勇敢地承担，温情地解决。不要总想着去找什么天作之合，好的爱情其实靠的都是耐心磨合。

图书在版编目（CIP）数据

如果觉得委屈就成为你想要的光 / 顾一宸著. -- 北京：九州出版社，2016.12

ISBN 978-7-5108-5007-3

Ⅰ. ①如… Ⅱ. ①顾… Ⅲ. ①散文集－中国－当代 Ⅳ. ①I267

中国版本图书馆CIP数据核字（2017）第013722号

如果觉得委屈就成为你想要的光

作　　者　顾一宸　著
出版发行　九州出版社
地　　址　北京市西城区阜外大街甲35号（100037）
发行电话　（010）68992190/3/5/6
网　　址　www.jiuzhoupress.com
电子信箱　jiuzhou@jiuzhoupress.com
印　　刷　天津市豪迈印务有限公司
开　　本　870毫米×1280毫米　32开
印　　张　9.25
字　　数　280千字
版　　次　2017年3月第1版
印　　次　2017年3月第1次印刷
书　　号　ISBN 978-7-5108-5007-3
定　　价　38.00元